U0482028

隐形的控制：
药品、知识产权与国际贸易协定

韩冰 等著

INVISIBLE CONTROL: PHARMACEUTICALS, INTELLECTUAL PROPERTY RIGHTS AND INTERNATIONAL TRADE AGREEMENTS

中国社会科学出版社

图书在版编目（CIP）数据

隐形的控制：药品、知识产权与国际贸易协定 / 韩冰等著. —北京：中国社会科学出版社，2019.10（2020.11重印）

（国家智库报告）

ISBN 978-7-5203-5723-4

Ⅰ.①隐… Ⅱ.①韩… Ⅲ.①药品—专利—知识产权保护—研究—世界 Ⅳ.①D913.404

中国版本图书馆 CIP 数据核字（2019）第 272575 号

出 版 人	赵剑英
项目统筹	王 茵
责任编辑	喻 苗
特约编辑	白天舒
责任校对	杨 林
责任印制	李寡寡

出　　版	中国社会科学出版社
社　　址	北京鼓楼西大街甲158号
邮　　编	100720
网　　址	http://www.csspw.cn
发 行 部	010-84083685
门 市 部	010-84029450
经　　销	新华书店及其他书店
印刷装订	北京君升印刷有限公司
版　　次	2019年10月第1版
印　　次	2020年11月第2次印刷
开　　本	787×1092　1/16
印　　张	8.25
插　　页	2
字　　数	85千字
定　　价	48.00元

凡购买中国社会科学出版社图书，如有质量问题请与本社营销中心联系调换
电话：010-84083683
版权所有　侵权必究

摘要：后危机时代，为了使世界经济从国际金融危机中复苏并走上更具包容性和可持续增长的道路，各国更多地聚焦于生产力和创新方面。知识产权作为一国企业以及国家发展的重要战略性因素，受到各国政府以及国际各论坛的广泛关注。在这一背景下，知识产权成为新一代国际经贸规则谈判中的重点议题与各方博弈的焦点之一。研究报告聚焦当前国际谈判中涉及知识产权的热点问题，例如超 TRIPS 规则扩展及其影响、遗传资源及相关传统知识国际谈判等，深入分析了我国参与全球知识产权治理面临的问题与挑战，并提出应对建议。

关键词：超 TRIPS 规则；遗传资源；传统知识；制药业；知识产权

Abstract: In the post-crisis era, in order to revive the world economy from the international financial crisis and embark on a more inclusive and sustainable growth path, countries are more focused on productivity and innovation. As an important strategic factor for a country's enterprises and national development, intellectual property is widely concerned by governments and international forums. In this context, intellectual property has become one of the key issues and focal points in the negotiation of a new generation of international economic and trade rules. The research report focuses on the hot issues related to intellectual property in current international negotiations, such as the expansion of the TRIPS-plus rules and its impact, the international negotiations on genetic resources and related traditional knowledge, and deeply analyzes the problems and challenges faced by China in participating in global intellectual property governance and put forward suggestions.

Key Words: TRIPS-plus, Genetic Resources, Traditional Knowledge, Pharmaceuticals, Intellectual Property

目 录

超TRIPS规则对中国制药业的影响与应对建议 …………………………………（1）
 一 入世接受试验数据独占保护义务及其影响 ……………………………………（2）
 二 新一代经贸协定中的试验数据独占权规定及其影响 ……………………………（9）
 三 对策建议 ………………………………（16）
 时评 TPP与RCEP会否殊途同归？…………（20）
    TPP不会"死"，只会金蝉脱壳 ………（29）

遗传资源及相关传统知识国际谈判新进展与中国应对建议
 ——基于专利披露要求的分析 ……………（33）
 一 引言 ……………………………………（34）

二 遗传资源及相关传统知识国际保护现状与
　　存在的问题 …………………………………（37）
三 遗传资源及相关传统知识专利披露要求的
　　重要意义与主要争议 ………………………（45）
四 遗传资源及相关传统知识专利披露要求
　　国际谈判的最新进展 ………………………（54）
五 政策建议 ……………………………………（73）
时评 金砖国家深化知识产权合作应精耕
　　　细作 …………………………………………（79）

中国与全球知识产权治理：问题与应对 …………（89）

一 全球知识产权治理发展新趋势 ……………（90）
二 中国在参与全球知识产权治理中存在的
　　主要问题 ……………………………………（94）
三 进一步提升中国参与全球知识产权治理的
　　路径与建议 …………………………………（96）

当代全球经济治理规则的发展趋势、影响与
　　应对 ……………………………………………（99）

一 当代全球经济治理规则体系的发展
　　趋势 …………………………………………（100）

二　对中国的潜在影响与对策建议 …………（107）

参考文献 ………………………………………（111）

后记 ……………………………………………（121）

超TRIPS规则对中国制药业的影响与应对建议[*]

1994年达成的《与贸易有关的知识产权协定》第39条第3款首次在知识产权领域引入药品试验数据保护制度。入世以来中国制药业的发展状况表明中国对此条款的超标准承诺对制药业发展形成一定的冲击。近年来，美国、欧盟等在双边及区域自由贸易协定中大力推动超TRIPS规则，进一步将这一条款规制对象从化学药品扩展至生物制剂。中国是否应在现阶段的双边及区域自由贸易协定谈判中，接受生物制剂数据独占权保护的超TRIPS规则，需要全面评估中国制药业发展现状与潜力，并在此基础上做出审慎选择。

在过去20多年中，发达国家和发展中国家知识产权保护水平均稳步提升。在发达国家，这是由制药、娱乐、电脑、半导体等行业的内部需求引发的，而在发展中国家，主要是受到外国政府和行业的胁迫和压力的结

---

[*] 本部分作者为韩冰。

果，不是本地需求。1994年达成的《与贸易有关的知识产权协定》（以下简称TRIPS协定）第39条第3款在知识产权领域首次引入药品试验数据保护制度。作为中国加入WTO的条件，中国同意提供试验数据6年排他期保护，超过TRIPS条款的最低国际保护标准。入世以来中国制药业的发展状况表明中国对此条款的超标准承诺对制药业发展形成一定的冲击。近年来，美国、欧盟等在双边及区域自由贸易协定中大力推动超TRIPS规则（TRIPS-plus），进一步将这一条款规制对象从化学药品扩展至生物制剂。中国如果在现阶段双边及区域自由贸易协定谈判中，接受生物制剂数据独占权保护的超TRIPS规则，将会对中国制药业特别是生物制药业的未来发展产生重大影响。对此，中国相关部门需要有清醒认识并妥善应对。

一 入世接受试验数据独占保护义务及其影响

（一）TRIPS协定试验数据独占权规定

药品试验数据系指在新药开发的不同阶段所取得的确定药品安全性、有效性和质量可控性的测试数据。各国医疗卫生管理机构根据测试数据分析和评估是否批准新药的上市申请。由于试验数据是基于标准的科学试验而获得的，不能满足授予专利的要求，因而无法获得专利保护。为此，在美国的推动下，《与贸易有关的知识产权协定》（The Agreement on Trade-Related Aspects of Intellectual Property Rights, TRIPS 协定）规定了独立于专利保护而存在的试验数据保护制度，其第 39 条第 3 款规定："当成员要求提交未披露过的试验数据或其他数据，以作为批准使用新型化学物所制造的药品或农用化学品上市的条件时，如果该数据的原创活动包含了相当的努力，则该成员应保护该数据，以防止不正当的商业使用。此外，各成员应保护这些数据不被披露，除非属于为保护公众所必需，或采取措施以保证该数据不被用在不正当的商业使用中。"依照这一规定，WTO 成员必须建立制度以便有效实施 TRIPS 协定下的药品试验数据保护义务。

然而，自 TRIPS 协定正式实施 23 年以来，WTO 成员对于这一条款的具体适用至今未形成较为统一的意见。美国、欧盟等主张，考虑到数据的原创活动中所包含的努力、其性质以及准备这些数据时的支出，除非经过提交信息者的同意，否则应给予数据权利持有人一定期间的独占权。在独占权保护期内，政府不仅要保护数据以防被泄露，还不得使用该数据以批准与之相竞争的仿制药品，即独占权保护模式。阿根廷、巴西、印度、泰国等发展中国家则遵循一种非独占权模式，即试验数据的开发者可以获得反不正当竞争法的保护，即保护这些数据免于不公平竞争，但不能对此等数据主张独占权，允许政府管理机构依赖此等数据进行生物等效性比较以批准仿制药品上市申请。发展中国家认为如采用美国和欧洲的做法，将会延迟仿制药品进入市场的时间，从而不合理地限制公众对药品的获取。

在WTO涉及这一主题的案例中，1999年，美国曾根据《争端解决谅解》（DSU）提出与阿根廷的磋商请求，指控阿根廷未能对试验数据提供有效的保护以防止不正当的商业使用。两国于2002年6月在磋商阶段达成协议，阿根廷最终未接受美国关于应给予试验数据独占权保护的要求。因此，迄今为止，在司法判例中还没有关于第39条第3款规定的解释，同时也没有任何对第39条进行审查的建议。

（二）中国入世超TRIPS承诺

在2001年入世以前，中国未规定药品试验数据专有权保护制度。入世后，中国依照TRIPS协定，承担起保护药品试验数据的义务。但是，与多数WTO成员不同的是，作为中国加入WTO的条件，中国同意提供6年的数据独占权保护。被纳入《中国入世议定书》的《中国入世工作组报告》第五部分"与贸易有关的知识产权制度"中第284段在重申了TRIPS协定第39条第3款的内容的同时,增加了在TRIPS协定第39条第3款中没有明确规定的内容,即在试验数据保护6年期限内,以不批准仿制药上市申请的方式,为原研药提供试验数据独占保护。并且,这一保护独立于专利保护而存在,即无论申请上市药品是否获得专利都要对其药品试验数据予以保护。试验数据6年独占保护期这一规定,较美国和众多双边自由贸易协定中规定的5年基本保护期限要长,而且没有例外的限制。

入世后,中国快速地完成了对TRIPS协定第39条第3款及《中国入世工作组报告》第284段的国内法转化,制定了保护药品试验数据的具体制度和措施。2002年颁布的《药品管理法实施条例》第35条及2007年《药品注册管理办法》第20条规定基本转述了《中国入世工作组报告》的内容。2016年中国对《药品管理法实施条例》进行修订,在第34条仍然保留了上述规定。2016年7月国家食品药品监督管理总局发布了《药品注册管理办法(修订稿)》,修订稿删除了第20条规定,该办法目前正向社会公开征求意见。中国入世时对该条款的承诺以及国内法的转化,表明入世后中国承担了超TRIPS义务,放弃了TRIPS协定的灵活性。

（三）对中国的影响

入世至今，中国对试验数据提供 6 年独占保护期的规定，产生了以下影响：

一是客观上阻碍中国仿制药产业发展。仿制药是与原研药具有相同的活性成分、剂型、给药途径和治疗作用的药品。中国是仿制药使用大国，仿制药是中国医药市场的主导力量。据《中国仿制药蓝皮书（2016 版）》统计，目前中国 4000 多家制药企业中，90% 以上都是仿制药生产企业，仿制药市场规模约占化学药全部市场规模的 95%。而另据相关统计，1990 年时，中国生产的 783 个西药品种中有 97.4% 是仿制产品。这一研究数据的对比说明了对于药品专利及药品试验数据 6 年独占保护期规定，并未发挥促进制药企业创新的作用。这点也为国际研究所佐证，在过去 15 年间，尽管全球范围内药品专利保护扩大，科技不断进步并有巨额财政资源支持，但是新型药物化工企业的创新率急剧下降。

入世以来，中国医药行业加快嵌入全球医药产业链当中，参与国际分工的程度逐步提升，行业的国际化程度进一步提高。但是，当前中国医药行业仍处于国际价值链低端，产业附加值较低，在全球处于弱势分工地位。在原料药领域，中国医药行业主要是通过低价出口参与国际分工，而在医药附加值比较高的制剂药产业，主要是进口，成药的出口很少，因此基本上没有参与产业内分工。

与之相较，近年来印度制药产业崛起，已成为"世界药房"。当前在美国药监局批准的药品中，39%来自印度药商。在世界卫生组织通过资格预审的药物清单收入的509种药品中，印度制造的药品占70%（358种）。印度制药业的发展，受益于宽松的知识产权环境。入世前，印度依据1970年专利法，仅对药品的制作程序和制作方法授予专利，对于药品、食品和农用化学品并不授予专利。入世后，印度充分利用TRIPS协定的灵活性，其2005年专利法虽然规定自2005年1月1日起给予药品、农用化学品和食品专利保护，但该新专利法只承认1995年1月1日及以后申请的专利。同时，印度在修改专利法中通过对第三节（d）条的修改提高专利的授予标准，对已知药品的专利授予设定更高的标准，仅授予具有显著新颖性的发明专利权，专利的核准数目得到有效的限制。这一规定使已知专利药品通过轻微改变，再次获得市场垄断变得困难，印度国内仿制药生产企业可以继续免专利费生产相关的仿制药品，惠及印度本国及其他发展中国家的低收入患者。

因此，虽然不能具体量化药品试验数据6年独占保护期规定对中国仿制药产业发展的负面影响有多大，但从客观上来看，这一规定延长了仿制药投入回报周期，影响了企业研发仿制药的积极性，最终导致企业研发资金投入不足、生产缺乏竞争力、综合力量薄弱。

二是影响中国广大人民群众的用药可及性。过去10年中，药品获取已成为一个全球性问题，尤其是价格高得离谱的非传染性疾病药品。化学仿制药在剂量、安全性、效力、作用、质量以及适应证上完全相同，但均价只有专利药（品牌药）的20%—40%，个别品种甚至相差10倍以上。例如，吉利德公司生产的治疗丙肝药物索菲布韦（Sovaldi），在美国售价约1000美元一片，印度仿制药售价约10美元。印度能够快速生产这一药品的仿制药的主要原因是印度专利部门拒绝索菲布韦的关键专利申请，包括前药与基础化合物的专利。之后，吉利德公司转而与印度仿制药商签订非独占特许权协议。根据协议，印度制药厂商可获得吉利德的完整技术转让，自主生产索菲布韦并自行定价。索菲布韦在中国申请专利也被拒绝，但是尽管不授予其专利，按照目前中国的药品试验数据独占权保护规定，其在中国获批上市后，仍将获得6年的市场排他期保护，即在此期间中国的制药企业生产的仿制药无法上市销售。

中国药品试验数据6年保护期的规定，不仅推迟了仿制药品进入市场，还在某些情况下，导致药价提高并限制了病人可获得药品的范围。近年来中国频繁发生走私印度药品案件,其背后根本原因是中国的仿制药产业发展缓慢,无法满足需求。

二 新一代经贸协定中的试验数据独占权规定及其影响

(一) 数据保护权规定

后 TRIPS 时代,发达国家为维持其在技术上的比较优势,继续在多边框架下推进知识产权高标准谈判,但因发展中国家与民间社会力量的强烈抵制,这一过程并不顺利。为此,近年来美国、欧盟等主要发达经济体转而寻求在诸边、区域和双边协定中建立"超 TRIPS"知识产权标准。在此背景下,知识产权成为"新一代"经贸协定中的重要议题,集中体现了"新一代"经贸协定的高标准。比较典型的代表是《跨太平洋伙伴关系协定》(TPP)。虽然 TPP 因美国退出而未生效,但是剩余的 11 个国家于 2018 年 3 月 8 日在智利签订了《全面进展的跨太平洋伙伴关系协定》(CPTPP)。CPTPP 与 TPP 在内容上的主要区别是暂缓实施 TPP 中的 22 项条款,而这 22 项条款中的 11 项为知识产权条款,其中就包括生物制剂试验数据保护期的规定。值得注意的是,这 22 项条款仅是被"暂缓"实施而没有被废除,因此不排除其在未来合适的时机被重新"解冻"。

在TPP谈判中,"生物制剂的数据保护"条款的谈判争议最大。由于对保护期限的争议,谈判一度陷入僵持,在TPP最后谈判阶段才最终达成。这一条款如此重要的原因:一是当前药品专利保护制度已发展成熟,进一步提升标准的空间小;二是药品数据保护条款发挥着与专利保护几乎同等的市场垄断作用;三是在TPP的新规定中,对于生物制剂试验数据保护的作用甚至有可能超过专利的作用。因为,相较于化学药品,生物制剂的专利授予范围更窄,不确定性更大,生物制剂更加依赖数据保护。为此,美国希望通过TPP对生物制剂给予更长的数据保护期以保证生物制药企业的垄断利润。由于与其他大多数国家的国内法律规制存在较大差异,并有可能危及公共健康,该条款在谈判中遭到了强烈抵制。

在TPP最终达成的文本中,知识产权章节中专节对"专利和未披露的试验或其他数据"做出规定,与TRIPS第39条第3款"药品数据保护"规定相较,TPP设定的标准更高、保护范围更广,并削减了TRIPS协定为发展中国家提供的灵活性。主要表现为:

一是TPP扩大了对药品数据保护的范围。TRIPS协定仅对化学药品试验数据给予保护,TPP除了对化学药品试验数据进行保护外,还专列单条对生物制剂试验数据进行特别保护；受保护的数据不再限于"经相当努力"获取的数据，而是扩大到了任何与药品的安全和效力相关的数据；受保护的药品不再限于"相同"的药品，而是扩大到了"相同或相似"的药品。

二是 TPP 明确了对药品数据保护的权利性质。TPP 明确对制药企业给予一定期间的数据独占权保护，从而弥补了 TRIPS 条款关于药品试验数据保护权利性质的模糊性，削减了 TRIPS 赋予发展中国家的灵活性。

三是 TPP 明确设定了药品数据独占权保护期限。TRIPS 并未明确规定对药品试验数据保护期，TPP 则明确规定对一般化学药品的试验数据保护期为 5 年，生物制剂的数据保护期为 8 年。

2017 年 1 月，特朗普政府上台后，美国宣布退出 TPP。但是，这一变化并不表明美国政府会放弃继续在国际经贸协定中推动生物制剂试验数据高标准保护的目标。现任美国贸易代表莱特希泽在 2017 年 3 月 14 日其任职听证会上，谈到任何新的贸易协定的谈判都需要解决法律制定者认为奥巴马政府没有解决的突出问题，其中就包括生物制剂试验数据独占权保护问题。根据美国《生物制品价格竞争与创新法案》（*Biologics Price Competition and Innovation Act*），生物创新药品试验数据享有 12 年独占保护期。TPP 最终规定的 8 年保护期是各方谈判妥协的产物。美国国内医药产业界对于 8 年保护期并不满意。2017 年 7 月 17 日，美国贸易谈判代表发布的更新北美自由贸易协定（NAFTA）谈判目标中，在知识产权方面的目标之一是确保知识产权的规定反映与美国法律相似的保护标准。2018 年 11 月 30 日，美国、加拿大和墨西哥签署了取代 NAFTA 的新的自由贸易协定——美墨加协定（USMCA）。在该协定中，主要变化之一是规定生物制剂试验数据享有 10 年独占保护期。这一规定高于加拿大原来 8 年的保护期规定，而墨西哥之前并未有关于生物制剂试验数据独占保护期规定。[①] 2019 年 7 月 11 日，102 位美国民主党立法者签署了一封致美国贸易代表罗伯特·莱特希泽（Robert E. Lighthizer）的信，强烈反对 USMCA 限制获取药品的条款——生物制剂试验数据独占权规定。他们要求修改 USMCA 以增加竞争并增加患者获得更实惠的处方药，特别是生物仿制药。信中指出，目前的 USMCA 案文将限制美国国会调整生物制药独占保护期的能力，将美国锁定在保持药品价格居高不下的政策中，同时将此模式出口到墨西哥和加拿大。

（二）潜在的影响

以 TPP 为代表的关于药品数据独占权保护的超

---

① 墨西哥虽然是 CPTPP 成员，但是 CPTPP 中生物制剂试验数据独占权规定是被暂缓实施的 11 项知识产权条款之一。

TRIPS规则，其潜在影响主要体现在以下两个方面：

一是对生物制药业发展的不良影响。生物医药业被称为"永不衰落的朝阳产业"，全球生物医药市场需求旺盛。目前，全球生物医药产业主要集中分布在欧盟、日本等发达国家，美国生物医药业总产值占GDP的17%左右，研发实力和产业发展领先全球。美国生物制剂在全球市场占主导地位，占有世界近六成生物药专利，全球市场90%的生物制剂来自美国企业。IMS Health研究表明，全球生物制药市场集中度非常高，排名前10的公司整体市场销售额占比高达68%。

生物医药业是中国重点发展的战略性新兴产业之一，2016年3月发布的《中华人民共和国国民经济和社会发展第十三个五年规划纲要》提出，实施健康中国行动计划，把生物医药作为战略前沿重点突破领域。近年来，中国生物医药业发展迅猛，行业地位不断上升，但总体而言中国仍落后于美国、欧盟等发达国家。在医药市场方面，在中国340家生物制药公司中，排名前10位的生物制药公司占据近40%的市场份额，但是中国市场由外资企业主导，外资企业占据前5的位置。因此，在中国当前生物制药产业发展情况下，如果中国接受生物制剂数据独占权保护规则，可以预见其将会抑制中国生物制药产业追赶欧美国家的能力，拉大或至多维持目前中国与欧美国家的差距，最终制约中国制药产业的整体发展。

二是对社会公众健康需求的影响。生物制剂可用于治疗许多严重且危及生命的疾病，包括疫苗、基因治疗药、血液及血液制品及治疗糖尿病的胰岛素等，它们已成为治疗癌症和自身免疫疾病的中流砥柱。据统计，全球免疫类药物总销售额的79%、肿瘤类药物销售总额的35%都是生物技术药物。全球十大畅销药物中，生物技术药占7个。2018年7月，美国食品和药物管理局（FDA）官员指出，品牌生物制剂目前占美国处方药总支出的40%，从2010年到2015年，占药物支出增长的70%。并且，预计未来几年，生物制药将成为增长最快的药物支出部分。此外，值得指出的是，相对化学药品，生物制剂价格更为昂贵。例如，在美国，虽然只有大约1%的处方是生物制剂，但它们占美国药物支出的28%。关于TPP中的超TRIPS规则的潜在影响，一项研究估计，以越南为例，目前该国政府艾滋病治疗总预算是2500万美元，可覆盖68%的该国病患，加入TPP后，其当前预算只能覆盖30%的病患。在哥伦比亚，超TRIPS条款将导致该国政府在2030年后，每年需为医药多投入15亿美元。

生物制剂试验数据独占权问题在美国国内也存在激烈争论，美国卫生与公共服务部2016财年预算提案提出在国内将12年的数据独占保护期改为7年。因为，在12年的数据独占保护期间，仿制药被阻止上市，这允许原研药公司收取高昂垄断价格。在美国，生物制剂被归类为"特殊"药品，患者即使有保险，也需要自己承担20%—30%的费用，而生物仿制药的价格要比原研药的价格低40%。

中国是人口大国，随着经济的发展和老龄化社会的到来，人们对生活质量的追求在不断提升，中国医药卫生需求的市场正在不断增长。根据《中国居民营养与慢性病状况报告》，中国居民慢性病患病率不断上升。例如，当前中国糖尿病患者人数居全球首位，约1.14亿人。2018年4月25日，国家药品监督管理局办公室发布了《药品试验数据保护实施办法（暂行）》征求意见稿，该意见稿第5条规定，对在中国境内获批上市的创新药给予6年数据保护期，创新治疗用生物制品给予12年数据保护期。使用在中国开展的临床试验数据，或在中国开展的国际多中心临床试验数据，在中国境内申请上市或在中国与其他国家/地区同步申请上市的药品或治疗用生物制品，批准上市时分别给予6年或12年数据保护期；利用在中国开展的国际多中心临床试验数据、在中国申请上市时间晚于在其他国家/地区申请上市的，根据情况给予1—5年数据保护期，晚于6年的不再给予数据保护期。对于使用境外数据但无中国患者临床试验数据申请新药上市的，给予上述计算方法 1/4 时间的数据保护期；补充中国临床试验数据的，给予 1/2 时间的数据保护期。该征求意见稿的立法出发点很明确，希望能通过高标准保护生物制剂的创新以及解决新药在中国上市延迟的问题，但是药品试验数据独占保护独立于专利保护而存在，即无论申请上市药品是否获得专利都要对其药品试验数据予以保护。因此，如果最终该生物制品未获得专利，为该生物制品提供 12 年数据保护期的"创新治疗"依据是什么呢？对于新药上市时间迟滞的问题，2012 年 CIRS（Center for Innovation in Regulatory Science）的一项研究显示，从第一世界批准到产品在另一个国家提交监管审查的时间滞后的决定性因素是另一国的市场规模，而不是制药公司所宣称的另一国知识产权保护强弱程度。因此，《药品试验数据保护实施办法（暂行）》征求意见稿的规定值得进一步商榷。

三　对策建议

鉴于中国的药品市场主要由仿制药品的生产所主导，而且中国是世界上最大的原料药出口国，因此，当前在国内立法中不宜对药品试验数据给予过高标准的保护，而应施加一定的限制以促进中国仿制药品行业的发展并保障为公众提供可负担得起的药品。

对于入世时已接受的化学药品试验数据6年独占保护期规定，中国可考虑通过修改与完善国内立法，降低其负面影响。在符合TRIPS协定规定情况下，中国可考虑通过颁布强制许可、对"含有新型化学成分的药品"予以狭义解释、引入促进仿制药市场准入的监管审查例外等技术措施平衡这一规定的负面影响。目前，从法律技术角度解决这一问题并不困难，并且从近期中国相关立法的修改来看，已开始在这方面做出努力。中国在2016年3月实施的《化学药品注册分类改革工作方案》中将"新药品"的定义限定为在中国首次寻求销售许可的药品，对新药品做狭义解释，从而缩小对试验数据独占权保护的范围。2018年4月，国务院发布的《关于改革完善仿制药供应保障及使用政策的意见》指出，明确药品专利实施强制许可路径，依法分类实施药品专利强制许可，提高药品可及性。

对于美国、欧盟在双边和区域自由贸易协定中力推的生物制剂试验数据独占权保护规定，中国应在全面评估制药业发展现状与潜力，并在此基础上做出审慎选择。

首先，中国应立足国情，在全面评估制药业发展现状与潜力的基础上审慎考量是否应在现阶段的双边及区域自由贸易协定谈判中接受这一高标准规则。国际贸易协定中的知识产权条款会导致国家内部以及国家间的不平等，因为其会限制国家规制具有负面经济和社会影响的商业行为的能力。同时，研究显示，强大的知识产权会阻碍创新、制约知识外溢，而这些对加速创新至关重要。因此，药品试验数据的保护虽然是保障药品研发的巨额投资能够获得充分回报的重要机制，但是其并不会促进原研药研发，前述中国化学制药业发展情况已充分说明其中要害。对于发展中国家而言，专利技术的挤压效力会限制竞争，高标准法律城墙可能绞杀发展中国家的产业发展与升级。因此，作为发展中国家，中国应重视知识产权保护与国内公共健康的平衡，借鉴印度的经验，为生物制药业的发展提供政策空间与时间，并便利救命药品的获取，以更好地完成中国的医疗和公共卫生体制改革。因此，建议中国在对制药业特别是生物制剂产业发展进行全面评估的基础上，制定与经济社会发展水平和产业发展阶段相适应的生物制剂数据保护期规定，而不是简单地"拿来"，要充分平衡制药公司与社会公众的利益。

其次，作为发展中国家，中国应与其他发展中国家加强国际合作，抵制超 TRIPS 规则的扩张。超 TRIPS 规则对于药品获取的不利影响近年来受到国际社会广泛关注。TPP 中的知识产权规定不仅会增加原研药企业的市场力量，还会压缩促进使用便宜的仿制药的政策实施空间，同时也会严重妨碍对全球疾病蔓延（例如艾滋病、流感大流行等）的预防和控制。2015年11月，联合国前秘书长潘基文召开了药品获取高级别专家组会议，并要求其提出促进研发和卫生技术获取的方案以确保公共健康、贸易和知识产权之间的政策一致性。2016年9月，联合国秘书长药品获取高级别专家组发布研究报告，建议各国充分使用TRIPS协定灵活性，在缔结相关自由贸易协定前评估其对公共卫生的影响。专利与公共卫生问题已成为当今国际社会的重要议题，中国应积极参与关于这一议题的讨论，通过加强与金砖国家合作等方式，在抵制超TRIPS规则的进一步扩张的同时，进一步提升中国在知识产权全球治理中的话语权。当前尤其应关注正在进行的RCEP谈判，日本和韩国在谈判中力推"超TRIPS"的知识产权保护规则，其知识产权提案与TPP协议的相关条款近似。

最后，应加大政策力度，扶持生物制药业发展。对于发达国家强推生物制剂试验数据高标准保护的发展趋势，中国的战略重点与政策着力点在于修炼"内功"，大力扶持与推动生物制药业的加速发展。中国需要加大生物医药技术研发投入力度，打造大型医药跨国企业，鼓励与支持药企海外并购。在生物制药业，规模庞大的跨国公司和大型制药企业是产业价值链最主要的参与者主体，一般握有大量的医药技术成果和专利，更具有全球性的营销渠道，通过垂直一体化的模式，控制了从药物发现到销售的所有环节。因此，海外并购是在较短期内迅速提升中国制药产业水平、加速全球产业链整合与融入全球市场的重要途径。

时　评

TPP 与 RCEP 会否殊途同归？

近年来，由于 WTO 多哈回合陷入停滞，各国纷纷将国际经济合作的重心从多边转向双边和区域，以大国为支点的巨型 FTA 不断涌现。在这一背景下，亚太地区出现了由美国主导的《跨太平洋伙伴关系协定》（TPP）以及由东盟主导、中国积极参与的《区域全面经济伙伴关系协定》（RCEP）两大谈判并存的局面，二者在引领亚太经济一体化进程方面形成强烈的竞争。随着 TPP 于 2016 年 2 月达成协议，而 RCEP 还在谈判中，TPP 一度似有引领亚太经济一体化之势。但是，近日美国候任总统特朗普通过 YouTube 视频阐述了他上任 100 天执政计划，明确表示将会在入主白宫的第一天，发布总统行政令，退出 TPP。特朗普这一表态被视为宣判 TPP 死刑，因此，关于亚太区域的这两大巨型区域协定的未来走向，受到广泛热议与关注。有观点认为，TPP 在美国通过受阻，将为 RCEP 带来机会。那么，美国退出 TPP 是否表明 TPP 真就"死了"？RCEP 未来发展前景如何？下文将从参与这两个巨型协定谈判的成员、议题、目标等角度对二者予以分析比较，并在此基础上尝试对上述问题给予解答，以期抛砖引玉。

一 "高标准、全覆盖"的 TPP 与"低门槛、具弹性"的 RCEP

TPP 是目前为止已经签署的最大区域自由贸易协定。其脱胎于 2005 年新加坡、文莱、新西兰和智利四国签订的包含投资、知识产权等内容的综合性自由贸易协定——"跨太平洋战略经济伙伴关系"（Trans-Pacific Strategic Economic Partnership）。2009 年，美国高调加入扩容谈判，称将借此打造"21 世纪高水平、高质量的自由贸易协定模板",从而使 TPP 备受瞩目。TPP 谈判历经波折,签署协定时间被一拖再拖,最终于 2015 年 10 月达成协议,并于 2016 年 2 月 4 日在新西兰奥克兰正式签署协议。

RCEP 是当前亚洲地区规模最大的自由贸易协定谈判。2011 年 11 月第 19 届东盟峰会通过了《东盟地区全面经济伙伴关系框架》,邀请与东盟之间签署 FTA 的 6 个国家(中国、澳大利亚、印度、日本、韩国和新西兰)参与 RCEP 谈判。2012 年 11 月,RCEP 16 个成员在柬埔寨召开东盟峰会后,正式宣布于 2013 年年初启动 RCEP 谈判。RCEP 自 2013 年 5 月正式启动以来,截至目前(2016 年)已完成 15 轮谈判。

从参与谈判的成员来看,TPP 共包括美国、日本、马来西亚、越南、新加坡、文莱、澳大利亚、新西兰、加拿大、墨西哥、智利和秘鲁 12 个签约国。美国是谈判主导国。2015 年 TPP 缔约方的国内生产总值(GDP)总额约为 30 万亿美元,占世界总量的 36.3%。RCEP 包括中国、澳大利亚、印度、日本、韩国、新西兰和东盟 10 国共 16 个成员。RCEP 成员国内生产总值、贸易额和吸引外资接近全球的 1/3。RCEP 强调以东盟为中心,由东盟主导。中国未参与 TPP,而美国不是 RCEP 成员。

TPP 及 RCEP 成员名单

RCEP 成员	同时参与 TPP 及 RCEP 成员	TPP 成员
中国	澳大利亚	美国
印度	文莱	加拿大
印度尼西亚	马来西亚	智利
柬埔寨	新西兰	墨西哥
老挝	新加坡	秘鲁
缅甸	越南	
菲律宾	日本	
韩国		
泰国		

从议题来看，TPP 追求"全覆盖"。TPP 不仅规定取消或降低商品关税、促进服务贸易等 FTA 议题，还涵盖投资、竞争政策、技术性贸易壁垒、国有企业、知识产权、透明度和反腐败等传统贸易协定中没有的新议题和交叉议题，覆盖领域非常广泛。而 RCEP 谈判依照已公布的《RCEP 谈判指导原则和目标》，将涵盖包括货物贸易、服务贸易、投资、经济与技术合作、知识产权、竞争政策、争端解决等议题。

从谈判目标来看，TPP 旨在缔结一项促进经济一体化的全面区域性协定，以推动贸易和投资自由化，促进经济增长和社会福利。通过高水平的开放与高标准的规则尽可能消除区内贸易壁垒，深化环太平洋成员之间的经贸联系，刺激经济增长。

RCEP 以 5 个东盟"10 + 1"FTA 为基础，拟通过升华整合各个 FTA 的自由化程度，建立一个现代化、广泛、高品质的区域自由贸易协定。RCEP 主要采用共同减让模式，但也会考量 RCEP 各成员间经济发展水平的差异，针对区域内低度开放国家，如柬埔寨、老挝、缅甸等国，给予特殊与差别待遇，并允许有限度的例外。另考虑针对经济开放不同程度的成员给予不同豁免或保留，相较于 TPP，RCEP 自由化的门槛较低且具弹性。

二 TPP 将"死"？

目前，TPP 已进入各成员国内法律审批程序阶段。其中，日本已于 2016 年 11 月通过了 TPP 批准案及相关法案。按照 TPP 生效条款规定，TPP 只有在符合以下条件时生效：一是自所有创始签署方书面通知保管方其已完成各自适用法律程序之日起 60 天后生效；二是如在本协定签署之日起 2 年期限内，创始签署方未全部书面通知保管方已完成各自适用法律程序，则本协定应在该期限期满后，至少 6 个创始签署方书面通知保管方已完成各自适用法律程序之日起 60 天后生效，上述 6 个创始签署方 2013 年的国内生产总值合计至少应占全部创始签署方国内生产总值的 85%；三是如本协定根据第 1 款或第 2 款未能生效，则本协定应在国内生产总值合计占创始签署方 2013 年全部国内生产总值至少 85% 的至少 6 个创始签署方书面通知保管方已完成各自适用法律程序之日起 60 天后生效。由于美国和日本分别占 12 个 TPP 成员 GDP 总量的约 60% 和 17%，TPP 生效必须得到美、日两国立法机构的批准。这一生效门槛表明，如果特朗普就任后，美国宣布退出 TPP，那么 TPP 就"死"了。

但事实上，用"死"了来形容美国退出 TPP 并不准确，一定意义上可以说美国放弃的只是 TPP 的"壳"。

首先，TPP 作为亚太一些国家政治立场的"试金石"，其最终签署成功表明其已实现政治目标。TPP 被奥巴马政府置于美国重返亚太的战略框架下，因此能否达成 TPP 是对美国在亚太地区领导力的考验。加入 TPP 的成员在明确知道 TPP 在经济方面美国是主要受益者的情况下，仍选择接受美国主导的这一高标准的区域经贸规则，表明一些成员对于加入 TPP 的政治考量优于经济意义。TPP 的签署成功证明了美国在亚太地区的领导力，已实现美国主导 TPP 谈判的政治目标。

其次，TPP 新规则已由成员带入《服务贸易协定》(TISA) 和 RCEP 谈判。研究显示，TPP 与美国—哥伦比亚自由贸易协定有 82% 的相似度。剩余的创新条款主要弥补在 WTO 框架下存在的不利于美国企业的漏洞，同时为美国企业消除进入 TPP 成员市场的投资壁垒，增强美国企业的国际竞争力，确保全球经济体现美国的利益和价值观。美国选择放弃 TPP，并不意味着放弃这些新规则。从目前 TISA 与 RCEP 外泄的谈判议价来看，同时参加这些谈判的 TPP 成员已将 TPP 中的一些新规则带入这两个重要的谈判，迂回推进更多国家接受美国设定的高标准条款。

最后，TPP 负载的经济目标可以通过双边 FTA 实现。特朗普在宣布会退出 TPP 的同时，也宣布将展开公平的双边贸易协定谈判。因此，未来美国可以以"TPP"条款为模板与相关国家签署或升级已有的双边 FTA，实现 TPP 负载的经济目标。事实上，目前在 TPP 成员之间，已存在近 30 个双边或多边 FTA。并且，在 TPP 成员国中，美国与秘鲁、加拿大、墨西哥、智利、澳大利亚、新加坡之间已缔结 FTA。

三 RCEP 未来展望

RCEP 作为达成亚太自由贸易区重要途径之一，发展备受瞩目。2015 年 11 月，RCEP 协定成员领导人发表联合声明，要求谈判团队加紧工作，力争于 2016 年结束谈判。2016 年 11 月在菲律宾宿务举行的 RCEP 部长级会议上，与会部长重申了各国领导人关于迅速结束 RCEP 谈判的指示，全面评估了谈判进展情况，重点就货物贸易、服务贸易和投资三大核心领域关键问题展开深入磋商，并为下一步谈判提供战略指导。商务部在近日召开的新闻发布会上也表示"中方将在充分尊重东盟核心地位的基础上与谈判各方通力合作，力争尽快结束谈判，为亚太地区的经济一体化发展贡献力量"。

当前 RCEP 谈判面临的主要障碍是，各谈判方经济发展程度差异较大，对外开放水平参差不齐，利益诉求不一致，东盟一体化程度不高。因此，要按照《RCEP谈判指导原则与目标》所提出的要求，尽快达成一个现代、全面、高质量和互惠的RCEP协定还存在困难，选择在已经达成共识的领域实现"早期收获"更为务实。

在当前全球经济景气不足、贸易保护主义抬头的背景下，TPP与RCEP作为实现亚太区域经济一体化相互竞争与博弈的不同路径，随着TPP被判死刑以及一些TPP成员转而"投向"RCEP谈判，并且将TPP达成的新规则带入RCEP谈判中，TPP与RCEP最终有可能殊途同归，形成以RCEP谈判为基础，推动亚太地区经济一体化的格局。但也要看到，RCEP谈判在TPP倒逼压力降低的情况下，其谈判进度有可能趋缓。RCEP未来谈判进度将会受到特朗普就任后美国是否向贸易保护主义的方向发展，以及美国与欧盟之间《跨大西洋贸易与投资伙伴关系协定》（TTIP）谈判进度的影响。

TPP 不会"死",只会金蝉脱壳[*]

近日,美国候任总统特朗普通过 YouTube 视频宣布了其当政后要烧的几把火。其中之一是退出《跨太平洋伙伴关系协定》(TPP)。如果这一表态是在特朗普竞选期间,尚具有一定的不确定性,但在处理与奥巴马政府的过渡事宜期间宣布,表明如无重大的意外事件发生,其成为事实已是大概率事件。

按照 TPP 的生效条件,TPP 必须得到美、日两国立法机构的批准。因此,如果特朗普就任后,美国宣布退出 TPP,那么 TPP 就"死"了。但是,用"死"了来形容美国退出 TPP 并不准确,特朗普选择退出的只是 TPP 的"壳",无损于美国整体的政治与经济战略利益。

从政治方面看,TPP 作为亚太一些国家政治立场的"试金石",其最终签署成功表明其已完成政治使命。TPP 从谈判伊始就被赋予了过多的地缘政治意义,一度是对美国在亚太地区领导力

---

[*] 本文作者为韩冰。原文发表于澎湃新闻,2016 年 12 月 1 日。

的考验。一些成员加入TPP也是政治考量优于经济意义。

从经济目标与战略互信方面看，双边自由贸易协定（FTA）可以兑现TPP负载的经济目标与TPP成员之间的战略互信。特朗普在宣布会退出TPP的同时，也宣布将展开公平的双边FTA谈判。当前，美国与TPP成员中的秘鲁、加拿大、墨西哥、智利、澳大利亚、新加坡之间已缔结FTA，TPP的突破在于帮助打开了较为封闭的日本市场。未来美国有可能通过以"TPP"条款为模板与相关国家签署或升级已有的双边FTA，实现TPP负载的经济目标并兑现战略互信承诺。

从书写新一代国际经贸规则方面看，TPP的达成表明新一代国际经贸规则已形成。TPP确定的新规则主要体现在跨境服务、跨境电子商务、国有企业、政府采购、反腐败等方面，最大亮点是服务贸易，对知识产权、劳动、环境等制定了一些保护性原则。TPP中经过反复磋商形成的规则，具有示范效应，事实上，从目前《服务贸易协定》（TISA）与《区域全面经济伙伴关系协定》（RCEP）外泄的谈判议价来看，同时参加这些谈判的TPP成员已将其中一些新规则带入这两个重要的谈判。

与此同时，TPP自身的缺陷也决定了其被抛弃并不会有太多负面影响。

首先，TPP的经济效益短期难以显现，对特朗普任期内美国经济发展不会有大的贡献。目前已达成的TPP未包括中国、印度、印度尼西亚等亚洲快速发展的新兴市场国家，TPP中的国有企业、知识产权等条款的杀伤力并不能真正体现，并不能收获最大的经济收益。此外，TPP为越南等经济发展水平落后的国家预留了过渡期，例如在跨境服务贸易国民待遇方面，越南享有3年的过渡期安排。特朗普任期4年，一些经济收益在其任期内无法实质获得。

其次，TPP中的一些条款与特朗普"让工作与工业重返美国"的战略目标背道而驰。以投资规定为例，其有助于美国企业进一步打开TPP成员的市场，并获得更高水平的保护，这势必会促进美国的对外投资而不是留住投资。TPP一旦生效，一些美国的跨国投资者必然会到亚洲的TPP成员国家中进行产业链布局，这会阻碍特朗普"让工作与工业重返美国"战略目标的实现。

最后，敲碎TPP的"壳"，特朗普可以向公众证明自己的"竞选诚信",同时回报支持他的利益集团及助其当选的蓝领中下阶层。TPP有利于高新技术产业、金融业等领域的美国跨国公司获益,但是对于汽车制造、家用电器、家具等产业会产生负面影响。特朗普凭借蓝领中下层支持,意外拿下美国中西部"铁锈地带"(因贸易全球化而受到影响的州),上台后需要回报其关键支持者。

综上分析可知,美国退出TPP,放弃的仅是TPP的"壳",TPP的死亡仅是表面上的,实质是金蝉脱壳,而敲碎这个"壳"并不会带来大的利益损失。特朗普枪毙"TPP"并不表明其反对有利于美国经济发展的自由贸易,相反,其上台后极有可能会大力推进目前正在进行的TISA谈判。服务业是美国的优势所在,推动TISA谈判,一方面可以推广TPP成型的新规则,另一方面可以满足美国国内因退出TPP而不能获益的金融服务、电信等领域跨国公司的利益诉求。

本文作者为韩冰,
原文发表于《中国外汇》2016年第23期

遗传资源及相关传统知识国际谈判新进展与中国应对建议
——基于专利披露要求的分析[*]

  遗传资源是一国重要的战略性物质资源。20世纪末以来，随着生物技术的飞速发展，遗传资源被广泛应用于生物科学技术研究、商业产品开发、药物研究开发中。由于遗传资源与传统知识巨大的商业价值，遗传资源与传统知识被盗用或"生物剽窃"的现象日益严重。为了保障全球的遗传资源及相关传统知识的可持续性利用，《生物多样性公约》与《名古屋议定书》建立了遗传资源及相关传统知识的获取与惠益分享法律制度。该制度的建立得到全球性的认可，然而付诸实践的过程中却面临重重困难。因此，一些国家希望能够推进在专利制度中增加关于遗传资源及相关传统知识的专利披露要求，以保障获取与惠益分享制度的实施，国际上各大相关论坛正在进行这一议

---

[*] 本部分作者为韩冰和蔡玉娇。

题的谈判。中国是世界上生物多样性最丰富的国家之一。无论是从保护中国遗传资源多样性角度，抑或是加强中国传统中医药知识产权保护角度，关注遗传资源及相关传统知识国际谈判均具有重要理论意义与现实需求。

一　引　言

20世纪末以来，随着生物技术的飞速发展，遗传资源及相关传统知识被广泛应用于包括药物、农作物、园艺、化妆品以及食品等多种商业产品的研究与开发。生物技术利用遗传资源作为研发的基础材料，其发展依赖于对遗传资源的利用，全球的遗传资源被大量挖掘出来，遗传资源作为一国重要的战略性物质资源的地位不断提升。传统知识是发现遗传资源，对其进行取用、研发及技术利用的基础。因此，国际社会讨论遗传资源的保护时，一般将其与遗传资源紧密联系的相关传统知识共同讨论。[①]

遗传资源及相关传统知识的获取来源是地球上的生物，对其的不断取用与过度开发会造成地球上生物

---

① 传统知识系指作为土著或地方社区的知识活动、传统知识体系的一部分，或体现与遗传资源相关的土著或地方社区的传统生活方式的任何形式的知识。其范围较为广泛，在本书中我们将其范围限定为与遗传资源相关的传统知识。

资源的骤减，威胁到地球上的生物多样性。与此同时，由于遗传资源与传统知识诱人的商业价值，遗传资源与传统知识被盗用或"生物剽窃"的现象日益严重。一些发达国家凭借自身强大的经济和科技实力，打着"勘探开发""合作投资"的幌子，无偿或者廉价地掘取发展中国家的遗传资源和传统知识，开发出植物新品种或者新型药物后再以高价向发展中国家兜售，获取高额利润。这对一些发展中国家而言，不啻为一种赤裸裸的"经济掠夺"。在这一背景下，随着国际社会环保意识的提高以及为保障遗传资源的可持续利用，近些年国际社会对于生物多样性的保护、可持续性利用以及公平公正共享因利用所产生的惠益等问题进行了广泛与深入的讨论，力求建立有效保护地球生物资源的国际法律体系，以保障遗传资源与相关传统知识的保护与利用的平衡。

为了保障全球的遗传资源及相关传统知识的保护与持续性利用，1992年的《生物多样性公约》与2010年的《名古屋议定书》建立了遗传资源及相关传统知识的获取与惠益分享法律制度。该制度的建立得到全球性的认可，然而将此制度付诸实践却面临着重重困难。当遗传资源及相关传统知识被用来研发商业产品时，就会涉及与遗传资源及相关传统知识相关的知识产权问题。获取与惠益分享制度是为了避免遗传资源及相关传统知识的耗尽、盗取、不当使用或独占，然而专利制度授予利用或基于遗传资源及相关传统知识的研发成果——商品、药物等专利产品——专利权的保护时，不可避免地可能使这些专利独占性地拥有遗传资源及相关传统知识的相关信息，从而阻碍获取与惠益分享制度的实现。为了解决遗传资源和传统知识保护问题，1999年9月在世界知识产权组织第三次专利法常设委员会（SCP）会议上，哥伦比亚提出工业产权应保障各国对生物遗传遗产（biological and genetic heritage）的保护，授予专利或注册时，应确保涉及生物遗传遗产的因素合法获取，申请专利的文件中应披露该遗传资源的原籍国。哥伦比亚的提案旨在通过推进在专利制度中增加关于遗传资源及相关传统知识的专利披露要求，公开专利中所涉及的遗传资源及相关传统知识的相关信息，以保障获取与惠益分享制度的实施。截至目前，国际社会对于遗传资源与传统知识专利披露要求问题进行了长达近20年的探讨，至今仍在探索中。

中国是世界上生物多样性最丰富的国家之一。中国的猕猴桃、大豆、广西金花茶、北京烤鸭等资源均曾遭受流失和不当使用。特别值得注意的是，近年来中国的一些传统中药配方被"生物剽窃"现象严重。据《世界专利数据库》统计，在世界中草药和植物药专利申请中,中药专利申请量占比达44.4%,但属于中国的中药专利申请仅占0.3%。因此,无论是从保护中国遗传资源多样性角度,抑或是加强中国传统中医药知识产权保护角度,关注遗传资源及相关传统知识国际谈判均具有重要理论意义与现实需求。

本文结构安排如下:首先,梳理相关国际公约对遗传资源及相关传统知识保护现状与存在的问题;其次,阐明遗传资源及相关传统知识专利披露要求的重要意义以及当前理论上与国际谈判实践中落实这一制度存在的主要争议与阻碍;再次,分析当前遗传资源及相关传统知识的专利披露要求国际谈判的最新进展及各国的主要意见;最后,结合国内情况对中国参加相关国际谈判提出对策建议。

二 遗传资源及相关传统知识国际保护现状与存在的问题

当前,国际社会涉及遗传资源及相关传统知识的保护的国际公约与协定,主要包括1992年的《生物多样性公约》、2002年的《关于获取遗传资源并公正和公平分享通过其利用所产生惠益的波恩准则》、2010年的《名古屋议定书》、2004年生效的《粮食与农业植物遗传资源国际条约》、1991年的《国际植物新品种保护公约》、1973年的《濒危野生动植物种国际贸易公约》、1994年生效的《联合国海洋法公约》、1959年的《南极条约》及2007年的《联合国土著人民权利宣言》等。这些国际公约和国际文件对粮食与农业植物遗传资源、野生动植物遗传资源、海洋遗传资源、生物遗传资源及传统知识等制定了相关保护条款。总体而言，1992年的《生物多样性公约》、2002年的《关于获取遗传资源并公正和公平分享通过其利用所产生惠益的波恩准则》及2010年的《名古屋议定书》确立的对遗传资源及相关传统知识保护、可持续性利用及其公平公正惠益分享的制度受到国际社会的广泛认可。近些年，国际社会不断深入地探讨1992年的《生物多样性公约》与2010年的《名古屋议定书》影响以及如何协调其他国际条约与这两个国际法律文书之间的关系来保障获取与惠益分享制度的实施。为此，下文将主要通过对1992年的《生物多样性公约》、2002年的《关于获取遗传资源并公正和公平分享通过其利用所产生惠益的波恩准则》以及2010年的《名古屋议定书》的分析来介绍当前遗传资源及相关传统知识国际保护现状与存在的问题。

（一）1992年《生物多样性公约》

1992年订立的《生物多样性公约》（*Convention on*

Biological Diversity，CBD）是全球遗传资源保护与可持续性利用及获取与惠益分享制度的基础。CBD 确认了国家对其拥有的生物资源具有主权权利，并且对生物资源与遗传资源做出明确定义。生物资源是指对人类具有实际或潜在用途或价值的遗传资源、生物体或其部分、生物群体或生态系统中任何其他生物组成部分。遗传资源是指能够复制或被复制的包含有价值的遗传信息，这些信息来源于植物、动物、微生物或其他来源的任何含有遗传功能单位的材料，存在于农作物、草药、花卉、林木、野生动物、畜禽、鱼、病毒和微生物等中。CBD 要求每一缔约方应致力于创造条件，为其他缔约方取得遗传资源用于无害环境提供便利，并且以事先知情同意和共同商定条件为基础建立一个缔约方之间获取遗传资源与惠益分享的框架。在这一框架下，缔约方有权自行建立其制约遗传资源的获取与惠益分享的国内法律、法规或政策措施。CBD 生效后，多方面的复杂问题阻碍了遗传资源及相关传统知识的获取与惠益分享制度的实施。具体而言包括：一是只有少数 CBD 缔约方具有或建立了获取遗传资源及相关传统知识与惠益分享的国内法律制度体系。一些国家将遗传资源的获取与惠益分享规定纳入知识产权法律体系中，一些国家仅出台相关政策和规章，还有一些国家并未制定国内法律、法规或相关政策措施，

各国之间不一致的法律体系阻碍了 CBD 目标的实现。二是相同种类的遗传资源及相关传统知识可能存在于不同国家或地区,而事先知情同意和共同商定条件在 CBD 下的设定为双边模式,因此利用遗传资源及相关传统知识所产生的惠益分享仅限于两个国家间,从而不能保障拥有同种遗传资源及相关传统知识的国家都获益,无法实现公平与公正。

(二) 2002 年《关于获取遗传资源并公正和公平分享通过其利用所产生惠益的波恩准则》

为协助各国政府实施 CBD,即支持成员方在立法、行政和政策层面实施获取和惠益分享制度,2002 年在《生物多样性公约》缔约方大会上通过了《关于获取遗传资源并公正和公平分享通过其利用所产生惠益的波恩准则》(以下简称《波恩准则》)。《波恩准则》阐释了关于国家惠益和分享监管机制的可能做法,还就知识产权制度和 CBD 之间可能的相互关系提供了一些指导。《波恩准则》特别建议支持遵守获取和惠益分享要求的措施,包括"鼓励在申请知识产权权利时,披露遗传资源的原籍国,以及土著和当地社区的传统知识、创新和做法的来源的措施",防止使用未经事先知情同意而获取的遗传资源的措施,以及制止不公平贸易做法的措施。但是,需要指出的是,《波恩准则》

仅是一项指导案文，并不具备法律上的强制约束力，并且其内容也存在过于烦琐等问题。因此，各缔约方希望 CBD 能够继续得到完善，以有效落实获取遗传资源与惠益分享制度。

（三）2010 年《名古屋议定书》

2010 年，CBD 的补充协议《名古屋议定书》（以下简称《议定书》）在日本名古屋订立，并于 2014 年生效。《议定书》明确获取遗传资源的监管和分享利用遗传资源所产生的惠益的义务，限定缔约方的管制要求，建立了一个国际法律框架，进一步推进公平、公正地分享因利用遗传资源及相关传统知识所产生的惠益的实施。具体而言：

一是《议定书》细化缔约方对事先知情同意要求的立法、行政法规或政策措施。《议定书》要求遗传资源及相关传统知识提供方签发获取许可证书或等同文件，以证明做出了给予事先知情的同意和拟定了共同商定条件，并相应地通告获取和惠益分享信息交换所。事先知情同意证明的签发是强制性的，除非相关缔约方另有规定。

二是《议定书》提供未来创建全球多边惠益分享机制的法律基础。《议定书》弥补了 CBD 中双边模式的遗传资源及相关传统知识的获取与惠益分享机制存在的漏洞。第10条明确规定缔约方应考虑有必要制定一种全球性多边惠益分享机制并考虑这一机制的模式，针对跨界情况下、无法准予或无法获得事先知情通知的情形。

与此同时，《议定书》所建立的对遗传资源及相关传统知识的保护的法律框架仍存在以下缺陷：

一是《议定书》新增的"衍生物"定义不明晰。《议定书》虽在CBD的基础上，进一步澄清了"利用遗传资源""生物技术"及"衍生物"三个术语的定义，但是其对"衍生物"的界定并不明确。一般而言，生物技术不仅利用或基于遗传资源及相关传统知识，还涉及利用衍生物。《议定书》中，衍生物被定义为生物或遗传资源的遗传表现形式或新陈代谢产生的、自然生成的生物化学化合物。实践中，有些衍生物不具备遗传的功能单元，因此适用于遗传资源的法律法规是否适用于衍生物未得到明确说明。并且，《议定书》在执行条款中未提及衍生物，结合现有的国际法律框架，利用衍生物是否要遵循惠益分享义务的界定仍然不明确。因此，这一问题在相关国际论坛和学术界被广泛讨论。

二是《议定书》未对"获取遗传资源"这一术语做出定义，在实践中如何界定"获取"引起广泛争议。获取遗传资源是利用遗传资源的基础，因此

"获取"这一行为的界定对于判定"利用"遗传资源十分重要。"获取"可被理解为取得、拿到,利用遗传资源则为取得、拿到遗传资源后的利用。获取的界定的争议焦点在于获取的方式,即何种获取方式符合利用遗传资源的前提条件,以及获取是否该被限定为直接获取、接触性获取、实物获取或者只要取得、拿到即成立获取。新一代的科学技术再次证明对获取的界定的重要性,因为科学技术已发展到能够帮助获取方直接复制遗传资源的数字序列信息,这意味着获取方不需要通过实物获取的方式即可完成"获取"这一行为,因此通过这种复制数字序列信息的方式获取遗传资源与直接或实物获取遗传资源后的利用是否具有同等获取效力,以及通过复制数字序列信息来利用的行为是否触发惠益分享的义务同样引发争议。在第十三届 CBD 缔约方大会(2016 年 12 月,墨西哥坎昆)上,这两个问题被列为重点讨论议题。许多发展中国家指出,关于复制遗传资源数字序列信息的问题是《议定书》获取与惠益分享法律框架的漏洞。在实践中,一些遗传资源及相关传统知识的使用者已通过这种方式获取遗传资源并加以利用。例如,南美西红柿、非洲咖啡或者亚洲大米的遗传数字序列信息都已被复制、数字上传到互联网云并被下载。越来越多的生物学家和生物技术公司用这种方式利用遗传资源，而不是依照 CBD 与《议定书》的规定与提供方协商及履行惠益分享义务。发展中国家认为解决这一问题对于明确遗传资源的获取与惠益分享机制是必要的，但是发达国家不愿意就这一话题进行深入讨论。会议达成一致决定，在 2018 年 11 月的第十四届会议上进一步审议利用遗传资源数字序列信息对 CBD 的目标可能产生的任何影响。缔约方大会邀请各缔约方、其他国家政府、土著人民和地方社区以及有关组织和利益攸关方提交对这一议题的意见和相关信息。经过执行秘书的汇编和综述，第十四届 CBD 缔约方大会达成一致决定，成立特设技术专家小组进行审议相关汇编、综述和研究报告，审议与遗传资源数字序列信息有关的现有术语的技术范围以及法律和科学影响，确定与 CBD 和《议定书》有关的遗传资源数字序列信息的不同类型等工作，并将结果转交不限成员名额工作组，由该工作组结合 2020 年全球生物多样性框架在第十五届 CBD 缔约方大会给出解决这一议题的意见。

三是《议定书》关于缔约方指定检查点义务在性质上是非强制性义务。《议定书》要求缔约方酌情指定一个或多个检查点，以接收或收集关于事先知情通知、遗传资源及相关传统知识来源、共同商定条件及关于遗传资源及相关传统知识的使用情况的信息。这一规定的目的在于检测遗传资源及相关传统知识的利用情况并提高其透明度。但由于《议定书》这一义务是非强制性义务，其若不结合专利披露要求的义务，检查点将只能发挥收集或接收信息的功能。有学者认为，各国知识产权局是符合逻辑的国家检查点之一。将知识产权局设为遗传资源及相关传统知识的利用信息检查点能够提高专利中遗传资源及相关传统知识利用的透明度，再结合专利披露要求，知识产权局能够最大化实现《议定书》下国家检查点的效力。事实上，《议定书》缔约方中近一半的国家已将其知识产权局设立为指定的检查点。

三 遗传资源及相关传统知识专利披露要求的重要意义与主要争议

（一）重要意义

自 CBD 建立后，遗传资源及相关传统知识的专利披露要求成为国际论坛上热议的话题，相关谈判也被带入到国际知识产权体系中。遗传资源及相关传统知识的专利披露要求系指基于或利用遗传资源及相关传统知识做出的发明创造，要求专利申请人在申请专利时披露专利中有关遗传资源及相关传统知识的信息。依照世界贸易组织（World Trade Organization，WTO）的《与贸易有关的知识产权协定》(*The Agreement on Trade-Related Aspects of Intellectual Property Rights*, TRIPS 协定), 遗传资源及相关传统知识在性质上不属于知识产权, 不能直接作为知识产权被保护, 但是经过生物技术的利用而发明创造出的专利可能包含遗传资源及相关传统知识, 一旦基于或者利用遗传资源及相关传统知识的发明创造被授予专利, 专利权人将得到独占发明创造中所包含的遗传资源及相关传统知识的权利。如果没有有效的披露遗传资源及相关传统知识的机制, 专利制度将阻碍遗传资源及相关传统知识的公平、公正分享。因此, 是否在专利制度中引入遗传资源及相关传统知识的专利披露要求成为国际上的重要讨论议题。

在专利体系中增加关于遗传资源及相关传统知识的专利披露要求的重要意义主要体现在以下几个方面:

一是防止遗传资源及相关传统知识被盗用。在印度、挪威、秘鲁等国家, 遗传资源披露要求服务于公共政策目标, 即防止对未经提供此种资源的国家和(或)持有此种知识的土著人民和当地社区授权(例如以事先知情同意的形式)的遗传资源和传统知识的盗用。遗传资源披露要求可能允许各国在其专利体系内监测遗传资源和传统知识的使用, 并帮助使用国克服有关执行获取和惠益分享合同和义务的不确定性。因此, 一些生物多样性大国将遗传资源披露要求视为鼓励专利申请人遵守事先知情同意和共同商定条件要求的重要措施。遗传资源披露要求，特别是强制适用的，可以使发明人的态度和行为发生改变，从而这些要求可能会加强获取和惠益分享机制的效果，防止在没有适当补偿或授权的情况下，免费从他人的遗传资源或传统知识中获得惠益的积极性。最终，有助于防止遗传资源及相关传统知识被盗用。

二是防止错误授予专利。遗传资源及相关传统知识的专利披露要求能够有效防止错误授予专利。由于利用或基于遗传资源及相关传统知识的发明可申请专利，一些国家希望通过防御性保护的政策对遗传资源及相关传统知识进行保护，防止对利用或基于遗传资源及相关传统知识开发的、不符合新颖性和创造性专利要求的发明错误授予专利。这项保护措施可以通过法律和实际机制，以及专利披露遗传资源利用要求来实现。专利体系的实质是透明和公开。专利体系的运营涉及让大量法律、行政和技术信息以无障碍方式公开获取。专利申请中披露有关遗传资源和传统知识的信息，可以视为一个透明度措施。它可以改善对专利申请的审查和对现有技术和发明人身份（或共同发明人身份）的认定，从而潜在地提高已授予专利状态的法律确定性，避免错误授予专利。目前国际上约有50个国家已在其知识产权法中要求在专利申请中披露遗传资源的利用。

三是促进知识产权制度和获取与惠益分享制度之间的一致性和协同作用。目前，知识产权制度还未被纳入 CBD、《议定书》以及其他相关国际条约所制定的获取与惠益分享制度。现行的知识产权公开要求无法保证专利权人利用遗传资源的行为均被披露，因此无法保障专利权人履行获取与惠益分享义务，更无法保障知识产权制度和获取与惠益分享制度对遗传资源的保护相一致。对于上述问题的具体讨论和审议包括是否以及在何种程度上知识产权制度应被用于帮助落实获取与惠益分享制度下的事先知情同意义务、共同商定协议、公平公正惠益分享义务。重点解决方案之一是在专利制度中增加专利披露遗传资源利用要求，即提供国强制要求专利申请人提供遗传资源的来源或原产地、事先知情同意的证据和惠益分享协议。

四是有助于确保遗传资源及相关传统知识使用人履行《议定书》下的惠益分享义务。增加遗传资源及相关传统知识的专利披露要求亦可以使知识产权局成为遗传资源及相关传统知识获取与惠益分享的检查点，从而有助于确保遗传资源及相关传统知识使用人履行《议定书》下的惠益分享义务。知识产权是权利人和社会之间利益平衡或交换的结果，知识产权在实现经济增长、社会利益平衡的基础上，应将确保公共利益列入其政策导向中。现阶段以市场为导向的知识产权制度不能有效保障对遗传资源及相关传统知识的保护和可持续性利用，只有知识产权制度将获取与惠益分享制度纳入其中，才能保障遗传资源及相关传统知识的公共利益。如前文所述，CBD与《议定书》已建立国际上认可的遗传资源及相关传统知识的获取与惠益分享制度，但是该制度的实现需要一国的知识产权局及其他行政机构（例如生物物种资源保护部、农业部、林业部、科技部、卫生部、环保局、外交部等）多个部门间的沟通与合作。专利披露要求不是《议定书》能够界定的范畴，只有在知识产权制度中承认获取与惠益分享制度、事先知情同意与共同商定协议，才能有效防止知识产权制度阻碍获取与惠益分享制度的实施。

综上，在专利体制中增加关于遗传资源及相关传统知识的专利披露要求，有助于解决与遗传资源及相关传统知识相关的知识产权面临的现实问题。

（二）主要争议

在专利体系中增加关于遗传资源及相关传统知识的专利披露要求，有助于解决与遗传资源及相关传统知识相关的知识产权面临的现实问题，并具有前述的重要意义。知识产权制度的政策导向注重市场的发展、经济利益的实现以及权利人与社会之间的利益平衡。TRIPS协定保障知识产权权利的同时强调知识产权制度保护公共利益的重要性，即知识产权制度在促进技术发展与进步的同时应确保不损害公共利益。遗传资源及相关传统知识的惠益分享即为公共利益的一种，为保障这种公共利益的实现，在知识产权制度中承认遗传资源及相关传统知识的获取与惠益分享制度是有必要的。尽管如此，遗传资源及相关传统知识的专利披露要求这一主张并未得到国际社会的广泛赞同。

争议的焦点之一是持反对意见的一方认为遗传资源及相关传统知识的专利披露要求会影响专利体系的法律确定性和可预见性，导致对专利申请的处理出现额外延误。因此，在科学和技术飞速进步和创新的时期，遗传资源披露要求可能会减缓创新并抑制投资，从而可能阻碍经济和社会福祉目标的实现。并且，一些研究认为，过于严苛的获取和惠益分享机制可能对发展中国家的科学家影响最严重，因为这些学者拥有较少的资源或没有资源来开展充分的尽职调查措施，并获取所需的许可。因此，更高的交易成本会增加开展研究的支出，减缓科学和技术创新的步伐。为此，一国特别是发展中国家，需要为遗传资源披露要求建立协调一致的法律和政策框架，以确保在国家创新体系的背景下，其实施做到平衡且相互配合。只有当国家成功提供平衡、灵活的创新治理体系，才能够不阻碍当地创新方面的潜力的实现。

在这方面，遗传资源和传统知识均很丰富的巴西近年实施的国内改革提供了一个经典范例。2015年巴西通过新的《生物多样性法》，该法规定，"对源自遗传资源或相关传统知识的制成品或所得再生材料授予知识产权权利……的条件是必须根据法律规定进行注册或获得授权"。尽管只有在涉及国家安全时才需要获得授权，但可以对未注册使用国内遗传资源适用罚金。获取和惠益分享要求仅适用于最终产品的销售，如果有确定的传统知识持有人，则必须取得事先知情同意。部分惠益将用于资助国家惠益分享计划。2016年5月11日第8.772号法进一步落实了所涉的具体方面，例如，如果相关研究活动涉及基因遗传成分或相关传统知识，则应通过电子登记簿提供相应信息的要求等。此前，按照旧法仅获取和惠益分享合同的申请程序就可以耗费两年或以上。现根据新的法律，科学研发只需要进行网上注册，几分钟内就能完成。因此，这表明，如果实施适当的创新政策，通过让惠益流回传统知识持有人来推动传统医药发展并促进生物和文化多样性，可以为国内研发带来竞争优势，而不是限制本地创新的能力。

争议的焦点之二是遗传资源及其相关传统知识专

利披露要求的法律性质。目前，很多国家在国内法纳入了与遗传资源及其相关传统知识有关的专利披露要求。但根据法律性质的不同，这些要求对专利申请人施加的义务也不相同。各国规定的专利披露要求可以区分为专利申请人应自愿遵守与强制遵守两种。自愿遵守可以作为专利程序的一部分引入，对专利审查或专利有效性没有任何影响。强制遵守则又可分为两种类型，一是只是专利程序中的一个形式，一般只对专利授予前的阶段有潜在影响；二是被视为一个可专利性标准，对专利有效性有潜在影响。

上述争议不同程度地被带入到了遗传资源及其相关传统知识专利披露要求的国际谈判中。

（三）已取得的谈判成果

由于在专利体系中增加关于遗传资源及相关传统知识的专利披露要求这一议题既涉及 CBD 的规定，又涉及 TRIPS 的规定，因此无论是在 CBD 缔约方会议还是 TRIPS 协定理事会中都对这一议题进行了讨论。目前，国际社会对于 CBD 与 TRIPS 协定在实施上是否存在冲突持有不同的观点，但是为了协调 CBD 与 TRIPS 协定的关系，一些国家，特别是遗传资源及相关传统知识丰富的国家，提出有必要在专利制度中增加遗传资源及相关传统知识的专利披露要求，从而防止错误授予专利，便于追踪取得遗传资源及相关传统知识的正当性，以及帮助实施遗传资源及相关传统知识的惠益分享。

一些WTO发展中国家成员要求修改TRIPS协定，拟在TRIPS协定中增加关于遗传资源及相关传统知识的专利披露要求的条款。在2006年的TRIPS理事会上，巴西、哥伦比亚、秘鲁、印度、印度尼西亚、泰国和中国联合建议将关于专利申请者披露生物资源、相关传统知识原产地及事先知情和公平惠益分享证据的义务纳入TRIPS协定。由于以美国和欧盟为代表的发达国家成员方的反对意见，该谈判在TRIPS理事会上推进缓慢。在2008年的TRIPS理事会上，欧盟等发达国家成员方提议将该专利披露要求与地理标志的议题捆绑谈判。该提议虽得到巴西、印度和中国等发展中国家成员方的赞同，但是美国、日本等部分发达国家成员方表示质疑和反对。此后，虽然在TRIPS理事会上对于增加遗传资源及相关传统知识的专利披露要求的条款有过多次讨论，但是由于成员方间的意见分歧未能取得任何成果。

由于这一谈判在TRIPS理事会中进展缓慢，该议题被带入到世界知识产权组织（World Intellectual Property Organization，WIPO）中，WIPO成为更符合谈判在专利制度中增加遗传资源及相关传统知识的专利披露要求的平台。2000年，WIPO建立知识产权和传统知识、遗传资源及民间文艺政府间委员会（Intergovernmental Committee on Intellectual Property and Genetic Resources, Traditional Knowledge and Folklore, IGC），为WIPO成员方提供正式谈判平台，与会人员包括WIPO成员方和由政府间组织、非政府组织、土著和当地社区组成的观察员，谈判的最终目标在于达成一部或多部国际法律文本来确保有效保护遗传资源及相关传统知识。其第一次会议于2001年召开，历经十余年，IGC的谈判仍在进行中，最新的成果体现于《关于知识产权与遗传资源的合并文件》修订稿。该修订稿已确定一个文本框架，但因意见分歧，成员方仍在磋商文本的用词和案文。此外，为了帮助专利审查员查找现有技术和避免错误授予专利，WIPO改进了其搜索系统和专利分类系统。一些不赞成增加专利披露要求的WIPO成员方则建议创建与遗传资源相关的数据库和信息系统来帮助解决这个问题。

四 遗传资源及相关传统知识专利披露要求国际谈判的最新进展

自2001年IGC第一次会议至今，IGC的谈判已进行了18年。现阶段，《关于知识产权与遗传资源的合并文件》修订稿文本的大致框架已达成，但是由于各成员方不同的立场，其案文和用词仍在磋商阶段。2017年10月的WIPO成员方大会在总结现阶段IGC成果的基础上，给出了与2015年成员方大会上相同的决定：加快谈判工作，争取达成一部（或多部）确保遗传资源、传统知识和传统文化表现形式得到平衡和有效保护的知识产权国际法文本的一致意见，但不预判成果的性质。为了推进WIPO成员方大会委任于IGC的谈判工作，IGC第三十五届会议中，委员会商定成立遗传资源问题特设专家组，就法律、政策或技术议题提供咨询意见和分析。根据成员方的要求，在IGC第三十六届会议前，特设专家组就文本的客体、公开要求、数据库以及尽职调查措施进行讨论。据悉，多数WIPO成员方与IGC委员会主席认为此次以专利制度角度检视这些议题的讨论对推进知识产权国际条约有很大帮助。2018年6月IGC第三十六届会议所形成的修订稿文本仍未得到成员方的一致同意，但会议决定将该文本转送至第四十届会议继续谈判。

（一）各国对于谈判的基本立场

澳大利亚籍主席伊恩戈斯先生提出要使IGC会议取得进展，各项进程必须更详细地讨论两项主要提案：（1）遗传资源及相关传统知识的国际强制披露制度；

（2）遗传资源及相关传统知识与其他防御性措施的非规范性信息交换机制。两项提案的解决措施可以是在知识产权制度中加入专利披露遗传资源及相关传统知识利用的要求。绝大多数发展中国家支持在知识产权制度中增加强制专利披露要求。以瑞士、澳大利亚、新西兰和挪威为代表的发达国家则坚持建立一个独立于知识产权制度的国际解决措施来避免遗传资源及相关传统知识被盗用。以美国、日本和韩国为代表的其他一些发达国家成员方则认为增加强制专利披露要求会为专利系统带来不确定性，并且会复杂化现实施的遗传资源及相关传统知识惠益分享制度。

WIPO 成员方在 IGC 谈判中有着截然不同的立场。以下为各方的主要立场与意见：

1. 以印度为代表的亚太集团表示亚太集团的大多数成员方坚信具有法律约束力的遗传资源保护文本能够兼顾使用者和提供者的利益，强调制定有效的强制披露要求来避免遗传资源的盗用，认可建立数据库及其他信息系统的重要性并请求 WIPO 协助开发此类数据库系统。

2. 以摩洛哥为代表的非洲集团强调 IGC 会议中的所有提案应重点推进谈判、缩小意见分歧，并努力达成一个协商一致的案文。非洲集团的国家认可遗传资源及相关传统知识对人类和社会发展及保护难以估量的社会经济价值，虽然国际社会在制定相关法律文本存在分歧，但是非洲集团期待在 IGC 谈判会议中能够得到实质进展。

3. 中国表示 IGC 会议和相关研讨会为各个国家分享经验和交流意见提供了良好的平台，希望 IGC 谈判能够找到一个兼顾各方利益且具有约束力但保持一定灵活性的解决办法，同时也希望 IGC 能够致力于达成 WIPO 大会期望的谈判进展。

4. 以厄瓜多尔为代表的拉丁美洲和加勒比国家集团表示 IGC 须集中于缩小现有意见分歧，在核心问题上达成共同理解，并最终确保达成一项有效保护遗传资源的国际法律文本。

5. 以瑞士为代表的 B 集团表示 IGC 应采用循证办法，提供关于国家经验的研究和实例——包括涉及可保护客体和不可保护客体的国内立法和实例，以确保达成的保护措施有创新和创造力，同时兼顾法律上的确定性与切实可行性。

6. 以塔吉克斯坦为代表的中亚、高加索和东欧国家集团希望 WIPO 成员方之间缩小意见分歧，在核心问题上达成一项共同理解，并希望能够促成一次外交会议。[①]

[①] 通常来讲，外交会议是为了国际公约文本的确立或修改而举办的，会议后各国家选择签署公约来推进公约的订立以及实施。

7. 以立陶宛为代表的中欧和波罗的海国家表示IGC的解决办法应是对CBD和《议定书》的获取与惠益分享制度等涉及遗传资源方面的国际法律框架的一种补充，为遗传资源提供有效和平衡的保护，并且确保专利制度的法律确定性和可预测性。

8. 欧盟及其成员表示IGC不应重复《议定书》的成就，同时期待循证办法能够得到的成果。IGC的目标是提高专利制度的透明度，而关于遗传资源及相关传统知识的披露要求应在CBD和《议定书》中实现，以增加获取与惠益分享的可能性。欧盟及其成员认为任何公开制度都应限于专利权，遗传资源和必须直接基于遗传资源的发明之间应存在明确的关系，并且强调撤销专利不应被作为一项制裁措施。

9. 韩国表示增加遗传资源及相关传统知识的专利披露要求后，遗传资源及相关传统知识的利用者可能因为专利披露要求带来的不确定性而回避专利制度，所以应使用专利制度以外的机制来实现遗传资源及相关传统知识的披露，建议建立和使用数据库以防止错误授予专利。

10. 日本表示IGC应区分盗用遗传资源及相关传统知识的两个不同情形：（1）缺乏遵守获取与惠益分享制度而产生的盗用；（2）错误授予专利而形成的盗用行为。其中关于遗传资源及相关传统知识的规定应在 CBD 和《议定书》中做出，而不是在知识产权制度中。

11. 安第斯共同体已建议"遗传资源获取共同制度"——有关生物和基因遗传及传统知识的材料必须根据国际、安第斯共同体和国家法律取得。安第斯共同体表示 IGC 得出的结论和达成的协议将为安第斯共同体的遗传资源获取共同制度的加强与更新提供重要参考，以确保所有合法所有者和利益攸关方以及整个社会的权利和利益。

（二）各国对《关于知识产权与遗传资源的合并文件》内容的主要意见

现阶段 IGC 谈判主要集中于《关于知识产权与遗传资源的合并文件》修订稿的文本。会议中，主席强调各成员方需要重点关注的关键点是：（1）文本的目标；（2）文本的客体，例如是否应当包括"衍生物"；（3）专利披露要求的触发机制、披露内容、制裁尺度、例外与限制的规定，以及专利披露要求与获取与惠益分享制度之间的关系；（4）防御性措施，其中包括数据库在内的设立。会议讨论期间，WIPO 成员方对文本的争议集中于术语的定义、使用与适用，文本的客体，专利披露要求所针对的知识产权或专利申请、专利披露要求与惠益分享制度之间的关系等。

1. 文本中对术语的定义、使用与适用
（1）"遗传资源相关传统知识"

> ［第 1 条］定义
> 执行条款中所用的术语
> ［遗传资源相关传统知识
> 替代方案 1
> "遗传资源相关传统知识"指充满活力、不断发展、在传统范畴内产生、一代代集体保存和传播的知识，包括但不限于［存在于］［与］遗传资源［相关］的诀窍、技能、创新、做法和学问。］
> 替代方案 2
> "遗传资源相关传统知识"是指［正当权利人，包括］土著［人民］和当地社区持有［并直接导致提出权利要求的［发明］［知识产权］］的关于遗传资源属性和用途的实质性知识［并且如果没有该传统知识，发明不可能实现］。
> 替代方案 3
> "遗传资源相关传统知识"是指关于遗传资源属性和用途的实质性知识，它在传统范畴内产生、一代代集体保存和传播、由［正当权利人，包括］土著［人民］和当地社区持有［并直接导致提出权利要求的［发明］［知识产权］］，［并且如果没有该传统知识，发明不可能实现］。

注：表格中所引为《关于知识产权与遗传资源的合并文件》修订稿最新案文，文件 WIPO/GRTKF/IC/35/REF/FACILITATORS TEXT REV. 2，https：//www.wipo.int/meetings/en/doc_details.jsp? doc_id = 402441。以下同。

各成员方对于"遗传资源相关传统知识"的定义仍有意见分歧。中国建议在"土著人民和当地社区"前增加"权利人，包括"。欧盟及其成员对文本中"遗传资源相关传统知识"这一术语的使用持有保留意见。美国表示应将"传统知识"与"基于传统知识的发明"加以区分。日本认为"遗传资源相关传统知识"是不明确的表述且反对将其列入术语表中。巴西

希望该术语的定义能够尽最大努力维护传统社区、当地社区和土著人民在这方面的权利。

备选方案的分歧在于是否指出"遗传资源相关传统知识"的权利人或持有者。现实的情况是并不是所有的国家都有土著、土著人民和当地社区,因此没有土著或土著人民的国家不希望将遗传资源相关传统知识限定为土著、土著人民和当地社区所有。例如,中国没有土著或土著人民,但是有少数民族和少数民族社区,而且少数民族和少数民族社区是持有遗传资源相关传统知识的,为了保障中国遗传资源相关传统知识权利人的权益,中国则强调在"土著人民和当地社区"短语前加入"权利人,包括",来保障遗传资源相关传统知识的权利人不被限定为土著人民和当地社区。

（2）"生物技术"的定义

[第1条] 定义

其他术语
生物技术
"生物技术"[在《生物多样性公约》第2条中的定义]是使用生物系统、生物体[或其衍生物]的任何技术应用,以制作或改变产品或过程以供特定用途。

各成员方对文本中是否应给出"生物技术"这一术语的定义有不同的意见。澳大利亚、哥伦比亚、牙买加和秘鲁支持在文本术语表中保留"生物技术"一词的定义，且认为该定义应与 CBD 与《议定书》中的保持一致。① 美国、日本、俄罗斯、图帕赫阿马鲁和欧盟及其成员方则认为应删除该术语的定义。俄罗斯认为"生物技术"一词在此文本中的定义与 TRIPS 协议第 27 条相抵触，无法达到国际条约间的一致性。日本和欧盟及其成员则认为该定义不属于 WIPO 管辖范围，在 WIPO 体系下订立的文本不应对其进行定义。

  对于"生物技术"一词的定义的争议在于是否在术语表中保留它的定义。CBD 建立时已对生物技术做出界定，文本中的定义与 CBD 给出的定义相同。支持保留"生物技术"定义的国家强调该定义应与 CBD 中相同，以达到国际条约之间的协调性。然而，这个定义的缺陷在于：订立于 1992 年的 CBD 所给出的定义可能已经不足以覆盖当前甚至未来的生物技术，而且，生物科学界对"生物技术"一词的定义及范围一直存有争议，CBD 订立之初虽然给出了该词的定义，但是这个定义并没有得到国际论坛的统一认可。国际条约与文本中所界定的术语定义会对文本所适用的范围做出限制，若在文本中保留生物技术一词的定义，则可能未来的生物技术无法适用于该文本；而若不在术语

---

① 《议定书》中对"生物技术"的定义为：《公约》第 2 条所界定的"生物技术"是指使用生物系统、生物体或其衍生物的任何技术应用，以制作或改进特定用途的产品或工艺过程。

表做出界定，国家将留有自行根据国内实际情况对该词进行法律解释并适用的余地。

（3）"衍生物"的定义

> [第1条] 定义
> 其他术语
> 衍生物
> "衍生物"是指由生物或遗传资源的遗传表现形式或新陈代谢产生的、自然生成的生物化学化合物，即使其不具备遗传的功能单元。

因《议定书》已给出术语"衍生物"的定义，澳大利亚和哥伦比亚认为该文本应纳入与《议定书》中相同的案文。瑞士、日本、欧盟及其成员和伊朗伊斯兰共和国建议删除该术语定义。瑞士与日本认为虽然《议定书》给出了"衍生物"的定义，但是没有关于衍生物的执行条款，并且披露衍生物来源而非遗传资源的来源可能会导致发明所直接依据的遗传资源没有被披露。欧盟及其成员则认为文本中列入衍生物的概念将对文本的范围和延伸产生不确定性，而且这一概念并不是国际专利法所使用的。

遗传资源是具有遗传性的信息，而衍生物虽是从遗传资源分离出的却不具备遗传性，《议定书》虽加入"衍生物"一词的定义，但在执行条款中并没有包含该术语，因此关于利用衍生物是否需履行《议定书》下的惠益分享义务仍有争议。衍生物是遗传资源分离出来的植物或动物的生化化合物,现阶段并没有发现任何独立存在的衍生物,毒蛇的毒液、玫瑰花的气味和真菌中分离出的青霉素,这些被普遍应用于生活中的生化成分均是衍生物。依照合同法的惯例,共同商定协议所约束的遗传资源的利用可以包含从其分离出来的成分,但是并不能防止利用或基于衍生物的发明在不要求专利披露衍生物来源的国家获取专利。安第斯共同体工业产权制度、德国的专利法和瑞士的专利法要求专利申请人披露其专利利用的衍生物的来源,但这一要求并不能阻止专利权人在其他没有相关规定的国家获取专利后再将专利产品投入安第斯共同体国家、德国或瑞士的市场,从而规避了披露衍生物来源的要求。另外,以"利用衍生物"来触发专利披露要求无法囊括受特定的自然代谢产物或基因片段启发而合成的模拟化学物,这类模拟化学物的产生可能利用了遗传资源及相关传统知识,但却不能被归为衍生物,因为这类模拟化学物不是从遗传资源分离出来的。然而,以"利用遗传资源"来触发专利披露要求可能更有利于保障遗传资源的使用者和持有者的权利与义务,因为利用从遗传资源中分离出的衍生物或受遗传资源启发而合成的模拟化学物可以被视为是利用了遗传资源,一旦符合"利用遗传资源"这一要件,则履行专利披露义务。

(4) 其他术语的使用和适用

[第1条] 定义
其他术语
[实物] 获取
"[实物] / [直接] 获取"遗传资源是指占有遗传资源 [或者至少充分接触遗传资源，足以发现遗传资源与 [发明] [知识产权] 有关的性质]。
[受保护遗传资源
"受保护遗传资源"是指受知识产权或其他法律权利保护的遗传资源。遗传资源的知识产权一旦到期，遗传资源应进入公有领域，不作为受保护遗传资源对待。]

美国提出"实物获取"与"受保护遗传资源"这两个术语定义，并且强调"实物获取"限于"接触"型取得。文本中脚注注明了在谈判过程中几个成员方难以理解"受保护遗传资源"定义的含义，尽管该定义被保留在术语表中，但要求美国予以明确。智利、埃及与非洲集团明确表示删除该术语。可见，这两项术语是不被大多数成员方所接受或理解的，且不利于缩小国家间的意见分歧。

2. 文本的客体

[第3条] [文书的客体
本文本适用于遗传资源和 [遗传资源相关传统知识]。]

多数 WIPO 成员方认为该文本是界定遗传资源保护的文本，文本的客体应为"遗传资源"。澳大利亚认为文本的客体应为知识产权权利。伊朗建议将衍生物列入文本的客体，即文本的客体是遗传资源、其衍生物与相关传统知识。

争议在于文本所限定的客体是遗传资源还是知识产权权利。IGC 所讨论的是在知识产权制度中对遗传资源、传统知识及传统文化表现形式的保护，现阶段的谈判将三者分别讨论并进行磋商，对应的现有修订稿为《关于知识产权与遗传资源的合并文件》《保护传统知识：条款草案》与《保护传统文化表现形式：条款草案》。有的国家认为该文本对应的客体是遗传资源，与传统知识相关的讨论应在针对保护传统知识的谈判中讨论。但是，对遗传资源的讨论无法避开与遗传资源相关的传统知识，因为与遗传资源相关的传统知识相当于遗传资源不可分割的一部分。IGC 对是否应将与遗传资源相关的传统知识与传统知识分开、有区别地进行讨论始终不明确。

有的国家认为该文本是在国际知识产权制度中制定的针对知识产权权利的文本，因此文本的客体应为知识产权权利，但是这一观点无法让人认同。虽然该文本是在国际知识产权体系下制定的，但是文本所规范的是遗传资源，则文本的客体应为遗传资源。

3. 专利披露要求所针对的知识产权或专利申请

> [第 4 条] [公开要求]
> 4.1 [知识产权] [专利] 申请的 [客体] [提出权利要求的发明] [包括利用] [直接基于] 遗传资源和（或）遗传资源相关传统知识的，各成员国 [应] / [应当] 要求申请人：
> （a）公开 [系原产国的提供国] [原产国 [和]] [不明的] 遗传资源和（或）[遗传资源相关传统知识] 的来源。
> （b）[来源和（或）[系原产国的提供国] [原产国] 不明的，有关声明。]
> 4.2 酌情按国内法要求，成员国可以要求申请人提供与遵守 ABS 要求，包括 PIC [尤其是来自土著 [人民] 和当地社区的 PIC 有关的相关信息]。
> 替代方案
> 4.2 第 1 款的公开要求不应当包括提供与遵守 ABS 要求，包括 PIC 有关的相关信息的要求。
> 4.3 公开要求不 [应/应当/可以] 对 [知识产权] [专利] 局规定核实公开内容的义务 [但 [知识产权] [专利] 局 [应/应当] 就如何满足公开要求向 [知识产权] [专利] 申请人提供指导]。
> 4.4 各 [成员国] [方] [应] / [应当] 将公开的信息公之于众 [但视为保密的信息除外①]。

要求专利披露关键在于专利发明与遗传资源的关联程度，即遗传资源是否为专利发明不可或缺的一部分，是否为专利发明的根本或组成内容。若遗传资源与专利的新颖性或创造性有直接联系，则专利对遗传资源的利用触发专利披露要求。成员方对于专利披露要求的触发机制有不同看法，因此文本中列出三种不同方案——触发机制为"利用""直接基于"或"直

---

① 《名古屋议定书》第 14 条第 2 款中的替代措辞是 "在不妨碍保护保密信息的情况下"。

接基于利用"遗传资源。"直接基于利用"一词的使用提案由澳大利亚提出，并得到新西兰和南非代表团支持。一些成员方指出需要在术语表中添加"直接基于利用"一词的定义。非洲集团的国家偏向于在文本中使用"利用"一词，同时理解"直接基于利用"可以满足其他成员方的诉求。智利亦支持使用"利用"一词，而非"获取"或"直接基于"。加纳认为"直接基于"一词会不当地限制获取遗传资源的方式为"实物获取"，从而限制专利披露义务，因此建议将该词删除。欧盟及其成员方则认为应使用"直接基于"一词将使用遗传资源与专利制度联系起来。

"利用遗传资源"作为专利披露要求的触发要件源自《议定书》。依据《议定书》的定义，"利用遗传资源"意味着对遗传资源的遗传和生物化学组成进行研究和开发，包括通过使用生物系统、生物体或其衍生物的任何技术应用，以制作或改进特定用途的产品或工艺过程。在文本中同样用"利用遗传资源"作为触发机制能够与《议定书》保持一致性与协调性，有利于实现《议定书》下的惠益分享制度。

多数国家的现行法律采用"直接基于"和"直接基于利用"遗传资源作为专利披露要求的触发机制。依据瑞士对《瑞士专利法》给出的解释，"直接基于"意味着该发明必须直接利用和依靠所认定的遗传资源的特定属性。生物技术专利的研发阶段会涉及若干种遗传资源——包括实验动物或植物,例如,质粒、病毒、细菌和酵母等。这些在研发阶段涉及的消耗品不需要在专利披露要求中进行披露,而发明实际直接基于的遗传资源的来源是瑞士专利法所要求披露的。"直接基于"并不排除从遗传资源中分离出来的衍生物,与衍生物有明确联系的专利必须披露遗传资源的来源。"直接基于利用"遗传资源作为专利披露要求的触发条件可能比"利用"和"直接基于"界定的范围更小,"直接基于利用"可以理解为既强调"直接基于"又强调"直接利用",即在实际接触的情况下实物获取遗传资源后再直接利用才会触发专利披露要求。国际条约中没有关于"直接基于利用"一词的定义,所以一些成员方在IGC谈判中要求对其进行定义,以便判断"直接基于利用"是否可以作为恰当的触发专利披露要求的条件。

4. 遗传资源及相关传统知识专利披露要求的例外与限制

[第5条][例外与限制]
[在遵守第4条规定的义务时,成员可以在特殊情况下采用为保护公共利益所必需的有理由的例外与限制,条件是这种有理由的例外与限制没有不合理地损害本文书的实施,也不损害与其他文书的相互支持作用。]
替代方案
5.1 与遗传资源和[遗传资源相关传统知识]有关的[知识产权][专利]公开要求不[应]/[应当]适用于下列内容:

续表

> (a)［所有［人类遗传资源］［取自人的遗传资源］，［包括人类病原体］］；
> (b)［衍生物］；
> (c)［商品］；［/用作商品时的遗传资源］；
> (d)［公有领域的传统知识］；
> (e)［位于国家管辖范围［和经济区］以外的遗传资源］；
> (f)［在［《生物多样性公约》生效］［1993年12月29日之前］［2014年10月12日《名古屋议定书》生效］之前［获得］［获取］的所有遗传资源］；以及
> (g)为保护人类、动物或植物生存或健康［包括公共卫生］，或为避免对环境造成严重侵害所必需的遗传资源和遗传资源相关传统知识。
> 5.2［［各成员国］/［各方］不［应］/［应当］将本文书中的公开要求施加于本文书生效前提交［或优先权日早于本文书生效］的［知识产权］［专利］申请］，［但在本文书之前已有国内法的除外］］。

该案文最初是以尼日利亚为代表的非洲集团的提案。哥伦比亚支持非洲集团的提案。中国表示可以考虑接受非洲集团的提案，强调例外与限制的条款应当保有充分的灵活性。中国指出如果有待披露的信息涉及个人隐私、商业机密或者其他合法保密性有关的信息时，应当允许专利申请人拒绝公开此类信息。在文本中，因保密原因而成为例外的概念得以保留，但是加纳不理解文本中包含例外和限制的规定的用意。欧盟及其成员、玻利维亚多民族国对该例外与限制条款持保留意见，希望对其进一步审查。

该案文所述允许成员方在特殊情况下采用保护公共利益所必需的有理由的例外与限制，与TRIPS协定所界定的情形一致，赋予成员方为保护其公共利益而采取必要措施的余地。该案文可能较利于成员方实施该文本，因为成员方可以根据本国的情况自行界定遗传资源专利披露要求应有的例外与限制，以保护其公共利益。

因人类遗传资源获取自人的遗传资源涉及道德和伦理问题，有的国家要求排除人类遗传资源的使用，而且在 CBD 的定义下，人类遗传资源不属于 CBD 和《议定书》所适用的遗传资源。在科学和生物技术研发中，确实有对人类遗传资源与遗传材料的使用。中国、挪威和欧盟的专利法均涉及对利用或基于人类遗传资源的发明专利的要求。中国在界定遗传资源时囊括了人类遗传资源，再结合中国专利法的强制专利披露要求，意味着在中国知识产权局申请专利时，专利权人须披露发明创造所基于或利用的人类遗传资源的来源。但是由于对个人隐私的保护，在实践中，人类遗传资源的披露可能作为一种例外情况而无法适用专利披露要求。有学者认为，CBD 所赋予的国家对本土遗传资源的主权包括了对国家领土上的人类遗传资源的主权，国家可以允许国内研究机构拥有人类遗传资源的使用权和持有权，因此人类遗传资源被排除于专利披露要求之外也可能妨碍国家遗传学或医学研究机构对该遗传资源的利用。

综上，现阶段的 IGC 谈判致力于缩小意见分歧，以达成一部更加清晰、简化的案文。各国家的意见与提案反映了他们对于文本及在知识产权制度中增加专利披露要求的立场。虽然《关于知识产权与遗传资源的合并文件》修订稿文本框架已大致敲定，但是关于术语定义及案文的意见分歧仍在。在谈判过程中，成员方消耗了过多时间讨论术语的定义，以至于没有时间对执行条款进行详尽的磋商。从制定国际条约的经验来讲，执行条款比术语定义更为重要，在国际条约中界定术语的定义将限制术语的使用与适用，从而阻碍法律条文的明确性和可预测性。需要特别注意的是，随着技术的发展与时代的更替，生物技术、衍生物及传统知识的可变性极高。以现阶段的环境和技术为基础所界定的定义可能限制在实践中执行条款对未来发展出来的生物技术、衍生物和传统知识的适用。TRIPS 协定是一项界定各成员方保护知识产权的基本义务的国际法律文本。TRIPS 协定没有定义"专利"这一术语，但是给出了发明创造能够成为专利的基本要件，从而赋予了成员方在制定本国知识产权法时的自由裁量的余地，并且保障了对符合要求的专利的保护。在 IGC 谈判中，有的国家声明没有明确术语定义，则执行条款时无法达成共同理解。然而，根据各国家不同的情况，同一术语的定义可以是不同的。没有界定术语定义的情况下各国家能够在实践中通过实施条例或案例法对其进行法律解释，从而保障执行条款的有效实施。

2017年10月的WIPO成员方大会上，欧盟及其成员、非洲集团以及日本与美国分别递交了关于2018年与2019年IGC谈判计划的提案文件。欧盟及其成员和日本与美国提议于2018年和2019年的IGC谈判会议上解决核心问题，强调IGC的讨论应以国家经验的研究和实例为基础。非洲集团提议设立特别专家小组于IGC会议期间进行活动，于2019年一季度举办外交会议、达成一部具有法律约束力的文本以确保有效、平衡地保护遗传资源，并且表示国家经验的研究和实例的学习和讨论不应影响谈判的进程。会议最终决定建议IGC谈判加快工作进程，争取就一部（或多部）确保遗传资源、传统知识和传统文化表现形式得到平衡和有效保护的知识产权国际法文本达成一致意见，但不预判成果的性质。

五 政策建议

中国是CBD、《议定书》、TRIPS协定以及其他多项国际公约的缔约方，而且已将遗传资源的专利披露要求纳入专利制度中。中国的《专利法》规定，依赖遗传资源完成的发明创造，申请人应当在专利申请文件中说明该遗传资源的直接来源和原始来源；申请人无法说明原始来源的，应当陈述理由。需要披露遗传资源来源的专利申请人须在请求书中予以说明，并填写国务院专利行政部门制定的《遗传资源来源披露登记表》——填写获取遗传资源的直接渠道，包括获取遗传资源的时间、地点、方式和提供者或采集者。其中所披露的遗传资源不限于来自中国的，而是适用于来自任何国家的所有遗传资源。若专利审查中发现专利申请人没有履行披露遗传资源来源的义务，知识产权局有权驳回该项专利申请。

考虑到当前中国面临的遗传资源流失以及传统医药配方被"生物剽窃"的现实风险，仅仅在本国专利法规定遗传资源专利披露要求还不足以为其提供有效保护，因此，中国需要积极推动遗传资源及其传统知识相关的国际谈判，不仅仅作为参加者，还应有所为。现对中国参加专利披露要求的国际谈判提出以下政策建议。

首先，中国在国际谈判中应加强与其他国家的沟通与合作，力争在谈判文本中写入符合中国利益的案文。WIPO下有不同的国家集团——亚太集团、拉丁美洲和加勒比国家集团、B集团、非洲集团等。中国在谈判中的立场一直是独立的。从IGC的谈判亚太集团的大部分成员方和非洲集团的立场中可见，他们的谈判立场与中国是可以互相支持的。若在谈判过程中发表统一意见，联名向会议提交建议或提案文件，统一多个国家的立场和态度并长期互相支持，可能会更有利于中国在谈判中推进中国的利益诉求、写入符合中国利益的案文。此外，因国家代表与集团代表的任职期间普遍为三四年，任职人员的更替可能导致国家间合作的中断，因此中国在与其他国家的互相支持合作中，需同时保障工作的交接和持续。但中国现行的依据国际会议内容由知识产权相关主管部门派员参会的模式，无法为此提供保障，可考虑通过在日内瓦派驻知识产权常任代表等方式为推进谈判顺利进行提供制度支撑。

其次，中国可以考虑与其他有相同或近似法律体系及利益诉求的在国家谈判先期达成协定。2006 年 TRIPS 理事会召开时，中国曾与其他发展中国家向 TRIPS 理事会提交了关于在 TRIPS 协定中增加专利披露要求的提案。遗憾的是，此后再未提交相关文件。现已过去十余年，虽然关于专利披露要求的谈判并未明朗，但从 IGC 的谈判中可见各国家的立场。若能与其他相同立场的国家订立关于专利披露要求的双边或多边协定，则能够推动国际上的制度统一。纵观一些发达国家在全球治理上的策略，往往通过在双边或区域国际经贸协定中纳入利于其国家立场、符合其利益诉求的条文，将本国的利益诉求推上国际平台，吸引更多的国家加入以推进国际上的制度统一。若想真正实现国际上对遗传资源与传统知识的统一保护、发展和利用，以中国为代表的发展中国家可以考虑先行达成国际上的统一制度，利用双边或多边协定建立起切实可行的国际制度，再进一步推进 IGC 与 TRIPS 理事会的谈判，也不失为一种可以考虑的谈判路径。

再次，中国在参加遗传资源及相关传统知识以及知识产权问题的国际谈判中，应保持利益诉求的一致性与协同性。遗传资源包含了多方面的遗传资源，例如植物的、粮食的、海洋生物的以及野生动物的等。遗传资源及相关传统知识的保护也受到多个国际公约的规范与约束，并且关于其规定需要多论坛、多部门之间的沟通与合作，为达成国际上对于遗传资源及相关传统知识的保护的一致性与协同性，中国需在不同论坛上保持同一立场，最大化实现本国的利益诉求。在这方面，中国可借鉴发达国家的谈判策略，将同一份建议或提案文件提交于多个国际谈判论坛，强调本国立场的同时掌握更多的话语权。另外，中国应深入研究条约文本内容，防范所缔结的国际条约的法律解释漏洞。从以往达成的相关国际条约来看，如果不能对文本内容的潜在影响进行深入分析，仅停留在字面解释层面，往往会陷入法律漏洞中。例如《议定书》对遗传资源的数字序列信息的不明规定造成的法律漏洞。国际条约的文本内容通常有助于解决谈判期间的现存问题，而无法预知在未来、技术改进后的条款适用影响。TRIPS 协定达成后，药品专利的保护与针对公共健康的例外条款在实践中产生了冲突，经过多年的谈判和发展中国家的努力,最终达成《多哈宣言》以明确 WTO 成员方利用 TRIPS 协定例外条款维护公共健康的权利。因此,在国际谈判中,中国需明确其他国家对于其提案的意图,澄清文本内容的深层含义,研究文本内容在实践中可能产生的影响,预防未来法律解释中可能出现的漏洞,以保障国际条约订立后的明确性与可预测性。在不能预测未来新生技术或事物的情况下,需保障文本条文规定内容的开放性,以助于未来添加法律解释以及实践中的灵活适用。

最后,通过举办国际会议边会等方式,听取利于中国相关法律法规完善与发展的建议。IGC 会议前召开的圆桌会议和研讨会注重于讨论、研究成员方提出的关于谈判或是国家经验的问题。中国也可以通过这种形式的专家会议,邀请国际知名专家或者其他对相关议题具有丰富实践经验的国家的代表或专家,探讨对中国相关法律法规完善的建议以及谈判中可以采取的应对策略。国际上的圆桌会议和研讨会针对的是国际事务或是发起人所专注的话题,而以中国的利益和发展为议题所召开的专家会议更有针对性,更能够获得值得中国学习的经验和可采取的建议。

综上,自 20 世纪末,各国认识到生物资源的重要性以及其可观的经济利益后,均致力于遗传资源及相关传统知识的保护与可持续性利用,以及保障公平、公正分享利用遗传资源及相关传统知识所产生的惠益。CBD和《议定书》的订立奠定了全球保障遗传资源的保护与可持续性利用以及获取与惠益分享制度的国际法律框架，但是这项国际法律制度在实施过程中面临不同的挑战。专利制度在激励对生物技术的创新贡献的同时，可能无法确保遗传资源及相关传统知识的保护。若没有有效的专利披露机制，专利权人可能独占其发明创造所基于或利用的遗传资源及相关传统知识，从而阻碍 CBD与《议定书》下的获取与惠益分享制度的实现。因此专利制度纳入遗传资源及相关传统知识的获取与惠益分享制度对于生物多样性丰富的国家而言异常重要。

遗传资源及相关传统知识的专利披露要求是国际论坛上多次被讨论的议题。CBD 订立后，该议题被带入 CBD 缔约方大会与 TRIPS 理事会中。由于 TRIPS 理事会谈判进展缓慢，WIPO 的 IGC 会议成为更适合讨论在专利制度中增加专利披露要求的平台。现阶段，IGC 会议关于遗传资源及相关传统知识的谈判成果体现于《关于知识产权与遗传资源的合并文件》修订稿。该修订稿文本的大致框架已敲定，但由于各成员方之间的意见分歧，各国对术语的定义、使用、适用以及案文仍不能达成一致。谈判过程中，由于主要发达国家的反对，要达成一致意见并不容易。鉴于当前正在进行的遗传资源及相关传统知识的专利披露要求的国际谈判前景并不乐观，中国应审慎考量中国遗传资源及相关传统知识的专利披露要求对中国国家利益而言的重要性。在国际谈判裹足不前的情况下，一方面中国当前在国内专利法实施中应认真执行法律规定，确保中国遗传资源及相关传统知识不会被不当使用与莫名流失。另一方面也应通过积极加强和其他国家的沟通与合作、与其他有相同或近似法律体系及利益诉求的国家谈判先期达成协定等方式积极推动这一领域国际规则的确立。

时　评

金砖国家深化知识产权合作应精耕细作[*]

随着知识经济的发展，知识产权成为事关一国企业以及国家发展的重要战略性因素。知识产权与国际贸易、公共卫生等日益紧密的联系，使其成为各国关注的重点议题。在金砖国家合作中，知识产权始终是重点推进的领域之一，各国

---

[*] 本文作者为韩冰，原文发表于《中国经济时报》2017年9月1日。

关于加强知识产权合作的必要性和重要性的共识不断凝聚与深化。

一　金砖国家知识产权合作进展

后危机时代，为了使世界经济从国际金融危机中复苏并走上更具包容性和可持续增长的道路，各国更多地聚焦于生产力和创新方面，以寻找并确定新的经济增长和创造就业机会的来源，并帮助解决紧迫的社会和全球挑战。在知识产权政策选择方面，金砖国家有很多相似之处，具有深化知识产权国际合作的现实基础。

当前，在金砖国家合作部长级会议框架下，金砖国家经贸部长会议、金砖国家卫生部长会议以及金砖国家知识产权局局长会议都涉及关于知识产权问题的讨论与合作，并取得一定进展。

（一）经贸合作与知识产权。金砖国家经贸部长级会议始于2011年，在首届会议上中国即提出在知识产权方面开展合作的建议。经过5年的讨论与磋商后，2016年在印度德里举办的金砖国家第六次经贸部长会议通过了《金砖国家知识产权合作机制工作职责》，标志着金砖国家知识产权合作机制正式建立。金砖国家知识产权合作机制的建立有利于加强金砖国家在知识产权多边及诸边领域的协调合作,增强新兴经济体在知识产权国际规则制定中的话语权和影响力,推动建立更加全面平衡、公平合理的国际知识产权制度。2017年5月,金砖国家知识产权合作机制首次会议召开。在这次会议上,中国倡议制定金砖国家知识产权合作的指导原则和行动计划,得到了各国的一致赞同。2019年8月在上海举办的第七次金砖国家经贸部长级会议上批准了《金砖国家知识产权合作指导原则》,为金砖国家下一步开展知识产权合作明确了方向,有利于进一步加大金砖国家在知识产权立法和执法方面的交流合作,为贸易和创新型经济发展创造有利条件。此外,中国还倡导制定金砖国家知识产权行动计划,提出未来一段时间金砖国家开展知识产权合作的框架性安排以及开展深入合作的重点领域。

(二)卫生健康与知识产权。金砖国家人口总和近30亿,占全球人口的43%。尽管国情各异,金砖国家面临着许多共同的公共卫生挑战,包括卫生服务和药品可及性的不公平,日益增长的卫生费用,艾滋病、结核等传染性疾病,以及越来越多的非传染性疾病的威胁。如何为众多人口，尤其是最脆弱的人群，提供医疗卫生服务是金砖国家需要面对的重要社会问题。2011年7月11日，首次金砖国家卫生部长会议在北京召开，该次会议主题为"全球卫生—药物可及"并发布了《首次金砖国家卫生部长会议北京宣言》，宣言确定的优先合作领域包括视情协作探索，促进技术的有效转让，提高创新能力，造福于发展中国家的公共卫生事业，提高对可负担的、高质的、有效的、安全的药物、疫苗和其他医药产品的可及性，以满足公共卫生需求。宣言指出，技术转让是赋予发展中国家自主权，促使发展中国家建立有效卫生体系的一种重要方式。仿制药在实现人人享有健康权方面发挥着重要作用。金砖国家致力于确保双边和区域贸易协定不会损害TRIPS的灵活性。金砖国家支持TRIPS的保障措施，并致力于与其他发展中国家共同维护并推动《多哈宣言》中关于TRIPS和公共卫生的条款，以及公共卫生、创新和知识产权全球战略和行动计划。在其后举办的历届金砖国家卫生部长会议所发布的公报中，与知识产权相关的药物可及性问题得到重申。

此外，作为传统医药大国与生物多样性大国的金砖国家近年来致力于推动传统医药合作，2019年7月在天津召开的金砖国家卫生部长会暨传统医药高级别会议上通过了《金砖国家加强传统医药合作联合宣言》。金砖国家一致认可，传统医学在提供卫生保健方面的价值日益增长，且传统医学作为初级卫生保健服务的一项资源，可以增进卫生保健服务的普及性和可负担性。在传统医药推进中，涉及对传统知识与传统医药的知识产权保护问题。

（三）知识产权专业知识、人员等交流与合作。金砖国家知识产权局局长会议始于2012年，并且主要是在世界知识产权组织（WIPO）成员国大会期间举行。金砖国家知识产权局局长会议主要包括六大领域的合作：知识产权局员工培训和审查员交流、增强金砖国家公众知识产权意识、知识产权信息服务、知识产权的受理和流程、国家知识产权战略和企业知识产权战略、国际论坛上的合作。在各方的共同努力下，金砖国家知识产权局局长会议机制已被列入金砖国家合作部长级会议，未来金砖五局的知识产权合作有望进一步促进五国的经济和科技文化交流。

二 金砖国家深化知识产权合作着力点

在前述已取得的进展基础上，金砖国家有必要继续在以下方面深耕细作：

一是以促进2030年可持续发展目标实现为目标，深化涉及知识产权问题的各领域合作。2016年1月1日正式启动的《2030年可持续发展议程》呼吁各国采取行动，为今后15年实现17项可持续发展目标和169个具体目标而努力。金砖国家应以促进2030年可持续发展目标实现为目标，深化涉及知识产权问题的各领域合作。目前应重点推进《2030年可持续发展议程》目标三"确保健康的生活方式，促进各年龄段人群的福祉"下提出的提供负担得起的疫苗和药品这一具体目标的实现。该目标提出"研发主要影响发展中国家的传染和非传染性疾病的疫苗和药品，根据《关于与贸易有关的知识产权协议与公共健康的多哈宣言》的规定，提供负担得起的基本药品和疫苗，《多哈宣言》确认发展中国家有权充分利用TRIPS中关于采用变通办法保护公众健康，尤其是让所有人获得药品的条款"。

在过去10年中，药品获取已成为一个全球性问题，尤其是价格高得离谱的非传染性疾病药品。化学仿制药在剂量、安全性、效力、作用、质量以及适应证上完全相同，但均价只有专利药（品牌药）的20%—40%，个别品种甚至相差10倍以上。

为解决药品获取问题，2015年11月，联合国前秘书长潘基文召开了药品获取高级别专家组会议，并要求其提出促进研发和卫生技术获取的方案以确保公共健康、贸易和知识产权之间的政策一致性。2016年9月，联合国秘书长药品获取高级别专家组发布研究报告，建议各国充分使用TRIPS协定灵活性，在缔结相关自贸协定前评估其对公共卫生的影响。在过去一年中，联合国秘书长药品获取高级别专家组报告，在WTO、世界卫生组织、联合国贸发会、联合国人权高专办等国际平台进行了广泛讨论。2019年7月在天津召开的第七届金砖国家卫生部长会议上通过的《天津公报》中提及"欢迎联合国高级别小组药品可及性会议的报告和推荐，重申他们通过充分利用TRIPS灵活性的方式，提高药品、疫苗、诊断技术和其他医药产品可及性的决心。同意保护免受

TRIPS 弹性条款和其他阻碍或限制此可及性的政策空间"。未来，金砖国家在药品可及性问题上应推动更为务实的合作，从而造福金砖国家以及全球的公众。

二是加强在知识产权全球治理中的协调合作，共同应对挑战。知识产权全球治理是指与知识产权有关的全球性公共事务的国际规制。发达国家与发展中国家在知识产权相关问题上存在截然不同的利益诉求，使得全球知识产权治理规则博弈日益加剧。TRIPS 生效后，其不能满足发展中国家的发展需求，因为发展中国家普遍认为知识产权的过度保护会对后续研发和创新形成阻碍，尤其不利于具有创新能力的中小企业的发展。因此，发展中国家在 WTO、WIPO 等多边知识产权框架内推动发展议程成为主要议题，知识产权与公共健康、遗传资源、传统知识保护等的矛盾日益受到重视，制约以 TRIPS 为基础的知识产权的进一步扩张，寻求知识产权与其他相关权利之间的平衡；另外，TRIPS 也不能满足发达国家进一步提高知识产权保护标准，以维持其在技术上比较优势的需求。由于发展中国家与民间社会力量的强烈抵制，发达国家在多边框架内难以推行高标准知识产权条款，主要发达国家转而寻求在诸边、区域和双边协定中建立"超 TRIPS"知识产权规则。

当前，金砖国家需要在知识产权全球治理中深化以下方面合作：

一是抵制超 TRIPS 规则的进一步扩张。TRIPS 协定通过之后，发达国家从未停止追求知识产权高标准的脚步，已经在诸多领域逐渐形成"超 TRIPS"规则。例如，《反假冒贸易协定》（ACTA）、跨太平洋伙伴关系协定（TPP）"知识产权"章节中的一些规定。"超 TRIPS"规则与其他权利如健康权等会形成一定的冲突，致使其无益于社会利益，更多是为跨国集团获取巨额垄断利益服务，因此受到包括发达国家民众在内的国际社会的广泛反对。

二是推动不利于金砖国家维护合法权益的知识产权规则的修订。例如在遗传资源保护问题上，由于遗传资源性质上不属于知识产权，不能直接作为知识产权被保护，但是包含遗传资源信息的发明可能被第三方申请专利从而阻碍遗传资源的公平公正分享，因此要在 TRIPS 理事会的讨论中注重这类从遗传资源衍生出的发明被第三方申请专利的问题。以中国、巴西和印度为代表的一部分世贸组织发展国家成员国提议修改 TRIPS 规定，加入要求专利申请人披露遗传资源来源的条款，而发达国家不支持将披露遗传资源来源的义务引入知识产权法律体系中。

三是积极创设符合金砖国家利益的知识产权保护规则。现代科技领域的创新通过知识产权体系获得保护。但是许多现有的知识产权保护标准不涉及生物资源或传统医药和其他传统知识的保护。因此，在推进传统医药合作中，金砖国家需要制定独具特色的传统知识和传统医药体系的知识产权保护体系，并指明推进的方向。

中国与全球知识产权治理：问题与应对[*]

当前全球知识产权治理的发展趋势为非国家行为体的作用日益提升、治理领域不断扩展并呈现多样化特征、发达国家与发展中国家在规则制定方面的博弈加剧。中国需要通过加强与知识产权相关国际组织的良性互动、深化金砖国家在知识产权领域的合作、为全球知识产权治理提供公共产品以及积极与其他国家就全球知识产权治理相关问题进行有效沟通等举措，不断提高参与全球知识产权治理的能力，推动实现建设知识产权强国的战略目标。

2008年国际金融危机以来，为使世界经济复苏并走上更具包容性和可持续增长的道路，各国更多地聚焦于生产力与创新，以寻找并确定新的经济增长和创造就业机会的来源，帮助解决紧迫的社会问题和应对全球挑战。在这一背景下，知识产权作为事关企业与

---

[*] 本部分作者为韩冰。

国家发展的重要战略性因素，受到更广泛的关注，全球知识产权治理呈现新的发展趋势。为推动中国实现建设知识产权强国的战略目标，当前需要在认清全球知识产权治理发展趋势的基础上，厘清中国参与全球知识产权治理亟待解决的问题，不断提高参与全球知识产权治理的能力。

一 全球知识产权治理发展新趋势

全球知识产权治理是指对与知识产权有关的全球性公共事务的国际规制。随着知识经济与全球化的日益深入发展，全球知识产权治理体系呈现出以下发展趋势。

一是从治理主体来看，非国家行为体的作用日益提升。在当前全球知识产权治理框架下，世界贸易组织（WTO）及世界知识产权组织（WIPO）是主要国际协调机构。WTO 的《与贸易有关的知识产权协定》（TRIPS）构成了世界知识产权制度的基础，而作为联合国专门机构的 WIPO 则管理着包括《世界知识产权组织公约》在内的 26 项条约。在后 TRIPS 时代，国家及其政府仍是全球知识产权治理的主要参与主体。但是，近年来无论是推动知识产权国际保护制度进一步扩展的跨国公司等利益集团，还是抵制知识产权强化保护的有关政府间国际组织、非政府组织以及民间社会代表等均日益参与到全球知识产权治理中，影响着知识产权国际保护机制的发展方向与知识产权规则的形成过程。例如，目前WIPO认证的观察员包括74个政府间国际组织、258个国际非政府组织以及83个国家层面的非政府组织，这些利益攸关方可以作为观察员参加WIPO成员方的正式会议，参与各种关于全球知识产权治理当前问题的磋商和辩论。WIPO机构高度重视关键利益相关者和受益者参与知识产权治理相关问题的参与性与包容性进程。

二是从治理领域来看，涉及的问题呈现多样化。当代全球知识产权治理不再局限于知识产权问题本身，而是与公共健康、生物多样性、文化多样性、国际人权等问题关联起来，扩展到诸多与知识产权产生交叉的领域，融入许多新的概念和内容，呈多样化发展趋势。例如，药品专利保护问题涉及公共健康、人权保护，对药品专利的讨论除WTO与WIPO等国际平台外，同时还受到世界卫生组织（WHO）、联合国人权理事会（HRC）等国际组织与相关的利益攸关方的关注。再如，传统知识保护问题涉及知识产权、环境保护以及国际贸易等问题，受到WTO、WIPO和联合国教科文组织（UNESCO）等国际组织与相关的利益攸关方高度重视。全球知识产权治理问题的多样化，导致对同一问题的规制需要多论坛、多部门之间的沟通与合作，一国需要保障其在不同论坛上的同一立场，才能最大化实现本国的利益诉求。

三是从治理规则来看，发达国家与发展中国家博弈加剧。发达国家与发展中国家在知识产权相关问题上不同的利益诉求，致使当前全球知识产权治理规则凸显两方面特点：一是在内容上寻求知识产权与其他权利之间的平衡；二是在规则体系上呈现多层次发展趋势。

TRIPS生效后，一方面，其不能满足发展中国家的发展需求，忽视发展中国家的利益关切。研究显示，强大的知识产权会阻碍创新，制约知识外溢，而这些对加速创新至关重要。因此，发展中国家在WTO、WIPO等多边知识产权框架内推动发展议程成为主要议题，知识产权与公共健康、遗传资源、传统知识保护、生物多样性、人权等的矛盾日益受到重视，制约以TRIPS为基础的知识产权的进一步扩张，以寻求知识产权与其他相关权利之间的平衡。例如，为应对发展中和最不发达国家面临的公共健康危机，2001年11月WTO第四届部长级会议通过《TRIPS与公共健康多哈宣言》，要求WTO成员就公共健康议题进行谈判。2003年8月WTO总理事会通过《关于TRIPS协议和公共健康多哈宣言第六段的执行决议》，2005年12月

WTO 总理事会将此项决议作为一项正式修正案,在得到 WTO 2/3 成员批准后正式生效。2017 年 1 月 23 日 WTO 对《与贸易有关的知识产权协定》(TRIPS)修正正式生效。这是 WTO 成立以来,首次经 2/3 以上成员同意,对现有协定的成功修改。修正案通过澄清和修改 TRIPS 的相关条款,同意在面临公共健康危机且医药生产能力不足的情况下,有生产能力的成员不仅可以强制本国企业在国内销售药品,也可以出口至有需求的成员境内。这一新的制度安排有助于发展中国家和最不发达国家解决公共健康危机问题。

与此同时,TRIPS 也不能满足发达国家进一步提高知识产权保护标准,以维持其在技术上比较优势的需求。由于发展中国家与民间社会力量的强烈抵制,发达国家在多边框架内难以推行高标准知识产权规则,主要发达国家转而寻求在双边、诸边和区域协定中推进"超 TRIPS"规则谈判,从而使知识产权成为"新一代"经贸规则中的重要议题。典型代表就是《跨太平洋伙伴关系协定》(TPP)。TPP 进一步提高了知识产权保护标准,例如其规定将版权保护期从 50 年延长至 70 年、扩大对药品试验数据保护的范围、提高知识产权执法要求等。美国退出 TPP 后,剩余的 11 个国家于 2019 年 3 月 8 日在智利签订了《全面进展的跨太平洋伙伴关系协定》(CPTPP)。CPTPP 与 TPP 在内容上的主要区别是暂缓实施 TPP 中的 22 项条款，而这 22 项条款中的 11 项为知识产权条款。值得注意的是 CPTPP 并未删除这 22 项条款，而是冻结这 22 项内容。在 CPTPP 中，其对何谓暂缓条款，给予的解释是这 22 项条款不会对 CPTPP 缔约方产生影响，但是在未来，CPTPP 协定的所有成员有可能被要求这些条款生效。CPTPP 这一制度设计被认为是为美国而做出的特殊安排，即 CPTPP 的大门对美国是永远敞开的。从美国贸易代表 2017 年 7 月 17 日发布的北美自由贸易协定谈判目标中关于知识产权谈判目标来看，美国要确保知识产权的规定反映与美国法律相似的保护标准，这表明美国将继续推动实现知识产权保护标准的进一步提高。

二 中国在参与全球知识产权治理中存在的主要问题

由于历史和现实的因素，中国在参与全球知识产权治理中还有不少问题，需要加以大力解决，以适应全球知识产权治理展现的新趋势。

首先是中国尚未完全适应全球知识产权治理主体多元化趋势。以中国参与 WIPO 的相关会议与谈判为例，与美欧日等知识产权强国以及印度等新兴经济体相较，中国仍以国家政府参与会议和谈判为主，鲜有中国的公民社会组织代表参与会议和谈判；与发达国家谈判中"前呼后应"的谈判局面相较，中国代表的发言在一些谈判中"形单影只"，影响力较弱，谈判成果难以吸收符合中国利益的主张。

其次是中国尚未完全适应全球知识产权治理问题交叉重叠趋势。在党的十九届三中全会通过的《深化党和国家机构改革方案》中，提出重新组建国家知识产权局的改革要求之前，囿于国内知识产权管理的原因，中国在参与 WTO 与 WIPO 两大知识产权国际协调机构的相关工作中，涉及 TRIPS 的相关问题由中国驻 WTO 使团负责，而 WIPO 的相关会议与谈判，则基于会议或谈判内容，由知识产权局、新闻出版广电总局和工商总局分别或联合派员参加。这一机制不利于中国在参与知识产权相关国际谈判中从整体上把握谈判议题，容易导致在参与相关谈判时对一些问题的认识局限于具体领域，"只见树木不见森林"。2018 年 3 月新组建的国家知识产权局成立，从其职责来看，有助于改善这一问题。

最后是中国尚未完全适应全球知识产权治理规则博弈加剧的趋势。当前中国与其他国家就知识产权相关问题的有效沟通引导的良性互动机制不完善，这突出体现在 WIPO 框架下知识产权相关的会议与谈判中。

在 WIPO 谈判与相关会议中,中国均作为单独一方发言,而其他国家一般由区域集团委派代表发言,如在一些会议中发达国家 B 集团委派土耳其发言、非洲集团委派尼日利亚发言、亚洲和太平洋国家集团委派印度发言等,这一安排使得除中国外的其他谈判方均在谈判中有机会针对谈判议题进行充分沟通。中国不仅在谈判中缺乏与相关国家沟通的机会,由于目前"跟会"形式参与 WIPO 会议与相关谈判的机制安排,还会使参加谈判的工作人员错过一些政府间国际组织召开的会前会议。如南方中心(South Centre)在 WIPO 每次召开会议前都会召开协调会,一些发展中国家在日内瓦的知识产权派驻代表会积极参与这些会议,他们不但可以通过会前会议聆听相关专家的专业分析,而且有机会与其他国家代表进行会前沟通。

三 进一步提升中国参与全球知识产权治理的路径与建议

鉴于当前全球知识产权治理的发展趋势以及中国在参与全球知识产权治理中存在的问题,当前中国应考虑采取以下路径与措施积极应对,从而进一步提升中国参与全球知识产权治理的话语权。

(一)加强与知识产权相关国际组织与多边机构的

良性互动。为适应非国家行为体在全球知识产权治理中作用日益提升的趋势，中国当前需要深化并加强与国际组织和多边机构的合作，可以通过在国际组织召开边会、课题合作研究等方式与知识产权相关国际组织进行良性互动。同时鼓励国内学术团体、智库、行业协会作为非政府组织代表深入参与知识产权领域国际规则制定的研讨活动，助力中国参与的知识产权相关问题的国际会议与谈判，提升中国的影响力，进一步拓展知识产权领域国际交流合作的深度与广度。

（二）深化金砖国家在知识产权领域的合作。近年来，金砖国家关于加强知识产权合作的必要性和重要性的共识不断凝聚与深化，并取得一定进展。例如，2011年7月11日，首次金砖国家卫生部长会议发布《首次金砖国家卫生部长会议北京宣言》，宣言确定视情协作探索，促进技术的有效转让，提高创新能力，造福于发展中国家的公共卫生事业，提高对可负担的、高质的、有效的、安全的药物、疫苗和其他医药产品的可及性，以满足公共卫生需求。2017年7月在天津召开的金砖国家卫生部长会暨传统医药高级别会议上又通过了《金砖国家加强传统医药合作联合宣言》。未来金砖国家可以促进2030年可持续发展目标实现为目标，深化涉及知识产权问题的各领域合作。特别是可以考虑重点推进《2030年可持续发展议程》目标三

"确保健康的生活方式，促进各年龄段人群的福祉"下提出的提供负担得起的疫苗和药品这一具体目标的实现。

（三）为全球知识产权治理提供公共产品。为谋求在全球知识产权治理方面的更多话语权，应在深入研究与分析现有的知识产权国际规则体系对中国利弊影响的基础上，提出并倡导反映中国立场诉求并能获得国际认可的理念和原则。鉴于近年在知识产权领域国际多边立法进展缓慢的情况，可考虑采用"软法"方式具体落实。例如，许多现有的知识产权保护标准不涉及生物资源或传统医药和其他传统知识的保护，中国可与一些传统医药大国协商推动制定传统知识和传统医药体系的知识产权保护制度，形成一些虽不具约束力但可长期发挥重要影响的倡议或原则。

（四）积极与其他国家就全球知识产权治理相关问题进行有效沟通。中国可以考虑通过在日内瓦派驻知识产权谈判代表，积极与其他国家沟通和交流，为国内决策提供"世界看中国"的视角。此外，中国也应通过双边、区域机制加强与其他国家就知识产权问题进行有效沟通，增进相互理解，立足国情，共同对不断变化的环境和知识产权制度所面临的新的发展挑战做出最佳回应，促进知识产权保护与公共利益之间实现公平的平衡。

当代全球经济治理规则的发展趋势、影响与应对

当前国际格局正处于调整、变革、发展的关键时期，全球经济治理规则体系出现了国际经贸规则覆盖领域不断扩大、制定权博弈日益激烈、非国家行为体的参与和影响日益扩大、国际软法的作用不断凸显等趋势。为应对新一轮国际秩序调整和国际规则体系的新发展带来的挑战，当前可以从积极提供公共产品、与国际组织展开良性互动、运用法律机制解决经贸争端、稳步推进开放与国内改革进程、重视国际法人才培养等方面着手应对。

当今世界秩序是建立在"基于规则的"国际体系之上，但是这一国际体系正面临诸多挑战。例如，英国"退欧"、美国特朗普主义兴起、恐怖主义持续发酵、欧洲难民潮和极端政治力量勃兴、亚洲地缘政治之争等。2008年国际金融危机的深层次影响继续呈现，世界经济总体低迷、增长乏力，民粹主义、反全球化的声音日渐增多，发展问题更加突出。在此背景

下，各国正在围绕制度性权利和利益的再分配展开秩序和规则的博弈，全球治理规则特别是全球经济治理规则的发展进入了一个加速变革的时期。

一 当代全球经济治理规则体系的发展趋势

伴随着国际形势和格局的发展变化，全球规则体系呈现一系列重要趋势与新动向。

（一）当代全球规则体系覆盖领域不断扩大。过去70年来，通过订立国际条约规范人类在各领域的行为活动，是国际关系中最主要的现象之一，也是保障世界和平、避免世界大战的最主要因素之一。在联合国和其他国际机构的推动和支持下，国际社会订立了大量的国际多边条约，双边条约更是不计其数。国际规则的覆盖范围与领域持续扩大，从洋底采矿到外空探索、从气候变化到环境保护、从人权保护到军备控制和裁军无所不包，并日趋完备。

（二）国际规则日益成为国家竞争的"巧实力"。第二次世界大战以来，作为国际秩序的"稳定器"，国际规则在国际关系中的地位和作用逐步趋于加强，各国愈来愈重视运用国际规则来维护自身的权益，愈来愈多地借重和利用国际规则推进各自的国际政策。

国际规则的基础性、战略性作用日益凸显，国际社会法治意识逐步加强。一国如果不遵守国际规则意味着触犯了国际社会的道德，抛弃了与国际社会沟通的话语。为此，美国等西方国家将国际规则作为可支配的政策工具，通过灵巧运用实现全球领导力。

（三）国际规则制定权的博弈日益激烈。在国际体系和国际秩序正经历深度调整的大背景下，世界各国尤其是大国着眼未来的制度性权利，对各领域国际规则进行激烈角力。当前在贸易、投资、金融、知识产权、海洋、外空、网络安全等领域的规则制定权之争最为显著。国际规则是非中性的，为实现自身利益最大化，各国纷纷抢抓国际规则制定的主导权。

（四）国际经贸规则体系深刻调整。2008年的国际金融危机加速了国际力量的消长变化，新兴经济体快速崛起，国际地位显著上升。随着经济实力的持续提升与更加深刻地融入世界经济，新兴经济体为寻求更加公平公正的发展环境，参与规则制定的诉求日益增加。而发达国家作为建构现行国际经贸规则体系的主导者，为应对新兴经济体的崛起，成为当前国际经济秩序变革的直接推动力量，希望通过建立和维护新的规则和制度体系将中国等新兴大国的权利约束其中，从而确保国际秩序及美国主导地位的延续性。

第一，国际经贸规则体系的"多中心"和"碎片化"发展趋势。伴随区域一体化的发展,当前国际贸易与投资规则体系呈现"多中心"和"碎片化"的发展趋势。在国际贸易领域,WTO谈判长期停滞不前的局面催生了旨在推进国际市场一体化与建立多边合作机制的新的全球经贸规则谈判,如2016年已签署的《跨太平洋伙伴关系协定》(TPP)以及正在谈判中的《服务贸易协定》(TISA)、《跨大西洋伙伴关系协定》(TTIP)、《区域全面经济伙伴关系协定》(RCEP)等。在国际投资领域,国际投资协定数量持续增加。截至2018年年底,全球已签署的国际投资协定数量已达3317项,其中已生效协定数量为2658项。新签订的国际投资协定遵循不同的协定范围,且各区域协定也大多规定缔约方已有的双边协定继续有效,从而使得国际投资规则体系呈碎片化发展的同时,复杂程度亦不断增加。

第二,国际经贸规则在内容上日趋统一。经济全球化的深入发展使得经贸领域法律之间的借鉴和融合日益加强,国际经贸规则在具体内容上自发地呈现内在一致性,虽高度争议但动态稳定。Alschner和Skougarevskiy采取将国际投资协定作为数据的新方法,有效地观察到了2100个国际投资协定以及24000个具体投资条款的细节内容,通过比较投资条约和条款之间的文本重叠,检测到条约的相似程度。其研究指出

TPP投资章节81%内容取自2006年的美国—哥伦比亚自由贸易协定。在国际投资协定具体内容方面，征收、公正与公平待遇条款、非歧视条款等内容在立法技术上有小的区别，但整体上趋于一致。与此同时，国际经贸法律体系加速了各国涉外经贸立法的趋同。例如，区域层面的贸易协定以消除区域内关税及非关税贸易壁垒、促进贸易自由化为目标，势必要求加入区域贸易协定的各成员方的相关国内法律法规做出调整，从而推动区域内各成员国内经贸立法的统一。

第三，新一代国际经贸规则逐步形成。随着新兴经济体的崛起，美国等发达国家日益感到现有国际规则体系未能充分维护它们在创新领域和高端服务行业的优势。有鉴于此，发达国家试图通过建立高标准的国际经贸规则来维护其竞争地位。例如，TPP涉及WTO未提到的或是标准较低的新规则。主要创新条款体现在跨境服务、跨境电子商务、国有企业、政府采购、知识产权等方面。这些新规则弥补了以美国为代表的发达国家在世贸组织（WTO）框架下存在的不利于本国企业的漏洞，并进一步为本国企业消除进入新兴经济体以及发展中国家市场的投资壁垒。因此，虽然TPP未生效，这些经过反复磋商形成的新一代经贸规则，也具有示范效应，各国可以根据自身情况在双边、区域与多边自由贸易协定谈判中借鉴或适用。事实上，从 2018 年签署的美墨加协定（USMCA）内容来看，TPP 中的一些新规则已经反映在该协定中。

第四，国际经贸规则增加可持续发展内容。随着经济全球化的深入，经济活动对环境、劳工等领域的影响日益凸显，国际经贸规则从传统上主要关注贸易、投资、金融、税收等纯经济领域，发展到更多地涉及健康和安全保护、环境、劳工权利等领域，并且相互之间的关联不断强化。例如，在国际贸易争端案件审理过程中，WTO 争端解决机构越来越多地考虑和援引环境立法的相关内容。在国际投资领域，越来越多的国际投资协定在序言中提及健康和安全保护、劳工权利、环境或可持续发展。例如，2012 年美国 BIT 范本、2015 年印度 BIT 范本等。

第五，国际经贸争端数量不断增加。世界贸易组织（WTO）自 1995 年 1 月 1 日至 2018 年 12 月 31 日期间，成员发起了 573 项磋商请求。另据联合国贸发会议《2019 世界投资报告》统计，截至 2019 年 1 月公开的投资者—东道国争端（ISDS）案件总数达到 942 项，117 个国家成为一个或多个 ISDS 案件中的被诉方。逐年增多的国际经贸争端案例，充分表明各国越来越青睐于使用国际规则对经贸争端定纷止争，这进一步增加了国际经贸争端解决机制在全球经济治理中的重要性。在全球投资治理方面，国际投资争端解决机制改革成为近年的焦点问题,其原因主要在于现有国际投资争端解决机制存在正当性不足、透明度不够、裁决不一致、难于纠正错判以及仲裁员缺乏独立性和公正性等问题。当前,国际社会虽然对于改革现有投资者与国家争端解决机制的必要性已达成共识,但对改革的具体路径仍存有分歧。例如,在 2016 年签署的《跨太平洋伙伴关系协定》(TPP)和《欧盟—加拿大全面经济贸易协定》(CETA)这两个最先签订的巨型自贸协定中,争端解决机制安排具有较大异同,TPP 坚持传统的投资者—国家仲裁制度,而 CETA 包含一个具有预选的法庭成员的双层法院系统。

(五)非国家行为体的参与和影响日益扩大。伴随全球化而来的非国家行为体的数量激增与活动频繁是近年来国际秩序中最突出的现象之一。非国家行为体主要指国家以外能够独立地参与国际事务的实体,一般包括政府间国际组织、非政府组织、跨国公司等。在国际治理领域,非国家行为体越来越积极地表现出干预国际决策的能力和参与国际治理的决心。非国家行为体的活动日益全球化,不仅针对各国政府采取各种行动影响其立法或决策过程,甚至还直接参与联合国及主要国际组织的会议、决策、日常活动、项目执行乃至争端解决,通过合作或抗议行动对相关规则的制定和实施施加影响。联合国人权理事会普遍定期审查制度确立的重要原则之一即是"确保所有相关的利益攸关方,包括非政府组织和国家人权机构的参与"。

(六)国际软法的作用日益凸显。国际软法是指缺乏具体的规范性内容,无法产生可以执行的权利和义务,但可以产生一定"法律效果"的规范和原则。① 国际软法文件在国际法中有许多称谓,具有代表性的包括"宣言""指南""行为守则"和"建议"等,无论使用哪个术语,国际软法与国际条约的关键区别在于国际软法不具有直接法律约束力。软法作为20世纪70年代末80年代初在西方学界出现的一个引人注目的概念,其体现了全球化对国际社会带来的挑战。一方面,在全球化时代,国际社会中的规则之制定成为了必然的渴求,而传统国际法立法模式无论是条约的制定抑或习惯国际法的形成都需要较长的时间,软法所具有的灵活性在一定程度上可以对新的形势做出较快的反映,从而在一定程度上弥补传统国际立法模式在应对新的国际挑战面前存在的固有缺陷。另一方面,在经济全球一体化的推进中,国际社会面临着各种纷繁复杂的问题,而对这些问题的解决,国家间有

---

① Francesco Francioni, "International 'Soft Law': A Contemporary Assessment", in V. Lowe, M. Fitzmaurice, eds., *Fifty Years of the International Court of Justice, Essays in Honor of Sir Robert Jennings*, Cambridge University Press, 2007, p. 167.

时存在着激烈的矛盾与冲突，软法文件在国际经济领域的大量出现即是显明的例证。随着经济全球化的深入，国际经济领域软法的适用日益广泛和统一，其在一些方面表现出不亚于国内立法和国际条约的"硬约束"作用，还有一些软法成为具有法律约束力的规则出台的试金石。2016年在中国举办的二十国集团（G20）杭州峰会制定了《G20全球投资指导原则》，这一国际软法文件出台的背景即是考虑到短期内在国际投资领域启动统一的、全面的多边投资协定谈判的时机尚未成熟，但又需要为投资者提供可预见的国际投资环境，有效避免可能出现的投资保护主义倾向，因此，在中国的倡议下，G20成员共同制定了这套各国国内与国际投资政策制定需遵循的基本原则与标准。

二　对中国的潜在影响与对策建议

当代全球规则体系呈现的新动向表明，国际规则的博弈正在发生全球性、根本性、全局性、长远性的影响。一国能否善用现有的规则并且影响未来的规则发展，已成为衡量一个国家软实力的重要因素。就中国而言，中国既面临深度参与全球规则体系构建的机遇，又不乏复杂挑战：

（一）国际规则体系的调整与变动，为中国参与国际规则体系的建构、宣示和弘扬中国的主张以及增加制度性话语权带来机遇。

（二）国际规则调整范围的扩大，意味着中国在国际规则方面需承担的国际义务与国际承诺不断增加。中国熟练运用国际规则的能力面临挑战，国际条约的解释和适用问题的重要性日益凸显。

（三）国际经贸规则的重塑正在形成影响未来中国经济发展的外部环境。新一代国际经贸协定的主要目标是重新划分和分割市场，获取制度红利，抑制发展中国家日益上升的影响力，这为中国经济发展和市场开放带来新的挑战。

（四）西方国家打着国际规则的旗号对中国施压的情况会更为频繁，中国面对的压力会趋大。随着中国"走出去"的加快与海外利益的扩大，未来国际经贸领域争端的数量也会不断增加。

为应对新一轮国际秩序调整和国际规则体系的新发展带来的挑战，维护国家利益和固化长远的制度性权利，弥补中国在国际规则体系建构中经验、能力、机制和人才队伍等短板，应从以下几方面入手，确立通盘长久的应对国际规则体系负面影响的战略规划。

一是提炼"中国经验"，积极倡导、参与和创制新的全球治理理念与规则。为了谋求更多话语权，中国应在深入研究与分析现有的通用的国际规则体系利弊影响的同时，认真提炼自身发展经验，提出并倡导反映中国发展阶段与利益诉求并能够应对国际社会共同面临的重大挑战（Grand Challenges）的国际法理念，并通过深度参与国际规则制定，将这些理念贯彻到新规则之中，塑造体现中国价值观的国际规则。

二是采取务实的立场，在维护现有国际经贸规则体系稳定性的前提下协调相关利益。中国作为现行国际经贸规则体系的受益者之一，应在维护现行国际经贸规则体系稳定性的前提下推动国际经贸规则体系的完善与发展。在国际经贸规则谈判方面，特别是与中国作为发展中国家立场而言有所突破创新的方面，应尽量利用多边谈判机制，避免一对一谈判而造成承压过重，同时注意在国际规则谈判中内置安全阀，降低潜在风险，确保维护国家利益。

三是加强国际法人才培养，提高中国参与国际规则制定和国际司法活动的质量。积极有为地争取制度性话语权，需要拥有坚定的国家利益立场并具有国际视野与专业知识的国际法人才。国家有关部门、教学科研组织应通过与国际组织、国际司法机构签订实习合作协议、设立支持获得国际组织实习资格的青年学生的专项基金等方式，为青年学生提供更多接触国际法、国际事务的机会。

四是与国际组织展开良性互动，创造互利共赢的新机会。应充分利用国际组织与多边机构的资源，鼓励国内学术团体、智库深入参与各领域国际规则制定的研讨活动与适用，表达中国的关切和推动更为开放、全面和公正的国际规则体系的构建。

五是顺应国际趋势，运用法律机制解决经贸争端。在当前的国际经贸规则体系下，国家利益不仅需要通过政治家或外交家，还需要通过律师和其他技术专家来实现。中国需要顺应国际趋势，妥善利用国际争端解决机制和规则，不断积累经验，维护中国权益。

六是处变不惊，稳步推进开放与国内改革进程。面对国际产业分工体系重构以及贸易投资格局的改变，中国的战略重点与政策着力点仍旧在于修炼"内功"。对于新一代国际经贸规则，中国不宜持抵触心理，完全否定。如果能够在规则接受程度和方式上掌控得当，这些规则将发挥良性的"倒逼"作用。对于一些不会影响中国核心利益与根本原则的措施，中国应该做出相应调整。同时，也应清醒地意识到，接受高标准的国际经贸规则，需要结合自身经济发展特点和作为发展中国家和转型经济体的基本国情，在充分了解本国的产业发展现状的基础上，逐步、适当引入高标准的国际准则。

参考文献

Queen Mary Intellectual Property Research Institute, *Report on Disclosure of Origin in Patent Applications For the European Commission*, DG-Trade 61, 2004.

World Intellectual Property Organization, *Key Questions on Patent Disclosure Requirements for Genetic Resources and Traditional Knowledge*, WIPO Publication No. 1047E, 2017.

Alschner, W. and Skougarevskiy, D., "Mapping the Universe of International Investment Agreements", *Journal of International Economic Law*, 2016, 19 (3).

Schacherer, S., "TPP, CETA and TTIP between Innovation and Consolidation-Resolving Investor-State Disputes under Mega-regionals", *Journal of International Dispute Settlement*, 2016, 7 (3).

Communication from Brazil, China, Colombia, Ecuador, India, Indonesia, Peru, Thailand, the ACP Group, and the African Group, Draft Decision to Enhance Mutual Supportiveness Between the TRIPS Agreement and the Convention on Biological Diversity, Document TN/C/W/59, April 19, 2011.

TWN Info Service on Biodiversity and TK, and Biosafety, "Biodiversity Convention Considers Genetic Sequence Data and Benefit Sharing", Third World Network, December 13, 2016, https://www.biosafety-info.net/article.php?aid=1321.

Catherine Saez, "WIPO IP and Genetic Resources Committee Makes Progress Despite Block At End", Intellectual Property Watch, July 2, 2018, http://www.ip-watch.org/2018/07/02/wipo-ip-genetic-resources-committee-makes-progress-despite-block-end/.

FDA Commissioner Scott Gottlieb, M.D., Remarks on the Release of the FDA's Biosimilars Action Plan, July 18, 2018, https://www.fda.gov/news-events/press-announcements/remarks-fda-commissioner-scott-gottlieb-md-prepared-delivery-brookings-institution-release-fdas.

Rajeev K. Varshney, et al., Next-Generation Sequencing Technologies and Their Implications for Crop Genetics and Breeding, Trends in Biotechnology, Vol.27: 9, 2009.

Steven Burgess and Dominic Berry, "Regulating the Use of Genetic Sequence Data", Phys. org, 2016, https://phys.org/news/2016-12-genetic-sequence.html.

Joshua D. Sarnoff, Carlos M. Correa, "Analysis of Options for Implementing Disclosure of Origin Requirement Disclosure of Origin Requirement in Intellectual Property Applications", UNCTAD/DITC/TED/2004/14.

World Intellectual Property Organization Intergovernmental Committee on Intellectual Property and Genetic Resources, Traditional Knowledge and Folklore, *WIPO Technical Study on Patent Disclosure Requirements Related to Genetic Resources and Traditional Knowledge*, Document UNEP/CBD/COP/7/INF/17, 2004.

WIPO, *Disclosure Requirements Table*, April 2016, http://www.wipo.int/export/sites/www/tk/en/documents/pdf/genetic_resources_disclosure.pdf.

Note by Executive Secretary, Synthesis of Views and Information on the Potential Implications of the Use of Digital Sequence Information on Genetic Resources for the Three Objectives of the Convention and the Objective of the Nagoya Protocol, Document CBD/DSI/AHTEG/2018/1/2, January 9, 2018.

WIPO, *Ad Hoc Expert Group on Genetic Resources*, Document WIPO/EXP/GR/GE/18/1, June 14, 2018.

WIPO, "Genetic Resources Issues Under Discussion at WIPO", https://www.wipo.int/tk/en/genetic/.

Ameet Sarpatwari, Jerry Avorn, Aaron S Kesselheim. Progress and Hurdles for Follow-on Biologics, *New England Journal of Medicine*, 2015, 372 (25).

Gurdial Singh Nijar, *The Nagoya Protocol on Access and Benefit Sharing of Genetic Resources: Analysis and Implementation Options for Developing Countries*, South Centre Research Papers, No. 36, 2011.

Margo A. Bagley, *Digital DNA: The Nagoya Protocol, Intellectual Property Treaties, and Synthetic Biology*, Virginia Public Law and Legal Theory Research Paper No. 11, 2015.

Joshua D. Sarnoff and Carlos M. Correa, *Analysis of Options for Implementing Disclosure of Origin Requirements in Intellectual Property Applications: A Contribution to UNCTAD's Response to the Invitation of the Seventh Conference of the Parties of the Convention on Biological Diversity*, UNCTAD/DITC/TED/2005/14, 2005.

Public Citizen's Global Access to Medicines Program, Additional Exclusivity For Biologic Drugs in the TPP: A Need or Greed? July 2015, www.citizen.org/access.

Decision Adopted by the Conference of the Parties to the Convention on Biological Diversity 14/20, Digital Sequence Information on Genetic Resources, Document CBD/COP/DEC/14/20, November 30, 2018.

A/HRC/RES/5/1, annex, para. 3 (m).

Francesco Francioni, "International 'Soft Law': A Contemporary Assessment", in V. Lowe, M. Fitzmaurice, eds., *Fifty Years of the International Court of Justice, Essays in Honor of Sir Robert Jennings*, Cambridge University Press, 2007.

G. John Ikenberry, "The Rise of China and the Future of the West: Can the Liberal System Survive?", *Foreign Affairs*, 2008, 87 (1).

Carlos M. Correa, Mitigating the Regulatory Constraints Imposed by Intellectual Property Rules under Free Trade Agreements, 2017, South Center Research Paper 74, http://www.southcentre.int/wp-content/uploads/2017/02/RP74_Mitigating-the-Regulatory-Constraints-Imposed-by-Intellectual-Property-Rules-under-Free-Trade-Agreements_EN-1.pdf. February, 2017 (2018-05-18).

Susan Sell, "TRIPS-Plus Free Trade Agreements and Access to Medicines", *Liverpool Law Review*, 2007, (28).

陈默：《遗传资源及传统知识披露问题研究》，中国政法大学出版社2014年版。

褚童：《TRIPS协定下药品实验数据保护研究》，知识产权出版社2015年版。

王静、周黎：《民族文化与遗传资源知识产权保护》，知识产权出版社2012年版。

薛达元：《遗传资源、传统知识与知识产权》，中国环境科学出版社2009年版。

［美］约瑟夫·E.斯蒂格利茨（Joseph E. Stiglitz）：《重构美国经济规则》，张昕海译，机械工业出版社2017年版。

张海燕：《遗传资源知识产权保护法律问题研究》，法律出版社2012年版。

中国医学科学院药物研究所、中国医药工业信息中心、中国食品药品检定研究院：《中国仿制药蓝皮书》，中国协和医科大学出版社2017年版。

［德］格赖伯等：《遗传资源获取与惠益分享的〈名古屋议定书〉诠释》，薛达元、林燕梅校译，中国环境出版社2013年版。

［美］亨利·基辛格：《世界秩序》，中信出版社2015年版，"序言"。

戴国琛：《遗传资源及相关传统知识的保护——以来源披露制度为论点》，2014年中华全国专利代理人协会年会第五届知识产权论坛论文（第三部分）。

冯洁菡：《TRIPS 协议下对药品试验数据的保护及限制——以国际法和比较法为视角》，《武大国际法评论》2010 年第 1 期。

国家发改委经济研究所课题组：《中国医药产业发展概况及其趋势研究》，《经济研究参考》2014 年第 32 期。

韩冰：《二十国集团在国际投资领域的合作与前景展望》，《国际经济评论》2016 年第 4 期。

李宁娟、高山行：《印度仿制药发展的制度因素分析及对我国的借鉴》，《科技进步与对策》2016 年第 19 期。

李向阳：《国际经济秩序的发展方向》，《现代国际关系》2014 年第 7 期。

联合国贸易和发展组织（UNCTAD）：《世界投资报告 2016：投资者国籍及其政策挑战》，冼国明、葛顺奇总校译，南开大学出版社 2016 年版。

廖凡：《经济全球化与国际经济法的新趋势——兼论中国的回应与对策》，《清华法学》2009 年第 6 期。

刘海龙：《人类遗传资源保护问题思考》，《科技管理研究》2008 年第 10 期。

那力、景明浩：《印度"格列卫案"判决：解决知识产权及公共健康问题的新路径》，《河北法学》2014

年第 12 期。

孙爱民：《触不可及的救命药：丙肝新药进不来中国市场》，《财经》2015 年第 19 期。

翁锦玉：《国际生物医药产业发展趋势分析》，《科技与创新》2017 年第 1 期。

徐宏：《法律外交理论和实践创新恰逢其时》，《法律与外交》2016 年第 1 期。

余盛峰：《知识产权全球化：现代转向与法理反思》，《政法论坛》2014 年第 6 期。

张磊、夏玮：《TPP 生物药品数据保护条款研究》，《知识产权》2016 年第 5 期。

张艳梅：《知识产权全球治理的现实困境与路径建构——以传统知识保护为研究视角》，《求索》2015 年第 5 期。

韩冰：《金砖国家深化知识产权合作应精耕细作》，《中国经济时报》2017 年 9 月 1 日第 A05 版。

瑞士代表团：《〈瑞士专利法〉和关于遗传资源的瑞士相关条例中遗传资源及传统知识来源的申报——瑞士针对文件 WIPO/GRTKF/IC/30/9 提交的材料》，文件 WIPO/GRTKF/IC/31/8，2016 年 9 月 12 日。

萨妮亚·雷德·司密斯（Sanya Reid Smith）：《超 TRIPS 条款及其对药物可及性的影响》，《中国知识产权报》2007 年 12 月 5 日。

生物多样性公约缔约方大会：《生物多样性公约缔约方大会通过的决定 XIII/16：遗传资源数字序列信息》，文件 CBD/COP/DEC/XIII/16，2016 年 12 月 16 日。

世界知识产权组织：《世界知识产权组织成员大会第五十七届系列会议简要报告增编》，文件 A/57/11 ADD.6，2017 年 10 月 11 日。

世界知识产权组织：《遗传资源和传统知识专利公开要求关键问题》，世界知识产权组织出版物第 1047C，2017 年。

世界知识产权组织：《知识产权与遗传资源、传统知识和民间文学艺术政府间委员会第三十届会议报告》，文件 WIPO/GRTKF/IC/30/10，2016 年 9 月 23 日。

世界知识产权组织：《知识产权与遗传资源、传统知识和民间文学艺术政府间委员会第三十六届会议报告》，文件 WIPO/GRTKF/IC/36/11，2018 年 12 月 10 日。

世界知识产权组织：《知识产权与遗传资源、传统知识和民间文学艺术政府间委员会第三十六届会议的决定》，文件 WIPO/GRTKF/IC/36/DECISIONS，2018 年 6 月 29 日。

世界知识产权组织：《知识产权与遗传资源、传统知识和民间文学艺术政府间委员会第三十五届会议的决定》，文件 WIPO/GRTKF/IC/35/DECISIONS，2018

年3月23日。

徐宏:《国际法前沿与中国面临的挑战与机遇》,中国国际法学会2016年学术年会上的报告。

《回眸中美知识产权谈判——建局30年共话沧桑》,中国知识产权资讯网,http://www.cipnews.com.cn/cipnews/news_content.aspx?newsId=10557。

《生物多样性公约缔约方大会第十三届会议报告》,文件CBD/COP/13/25,2016年12月17日。

师琰:《专访中国常驻日内瓦联合国代表团前副代表周小明:CPTPP三大规则将对中国外经贸环境提出重大挑战》,http://www.21jingji.com/2017/12-6/wMMDEzNzlfMTQyMTQwMw_3.html。

《世界贸易组织〈TRIPS协定〉修正案正式生效》,http://sms.mofcom.gov.cn/article/dhtp/201703/20170302538524.shtml。

唐璐:《解析印度仿制药占据全球20%市场背后的故事》,中国制药网,http://www.zyzhan.com/news/detail/53787.html。

后　　记

2016年9月至12月,我所在的单位中国社会科学院世界经济与政治研究所派我到瑞士南方中心(South Centre)访学。在此期间,通过近距离参与和观摩世界贸易组织(WTO)、世界知识产权组织(WIPO)以及南方中心举办的一系列会议,我对药品、知识产权与国际贸易协定之间的潜在关系有了进一步了解,对当前国际知识产权领域的国际谈判与前沿问题有了进一步认识。三个月访学期间所得,陆续转化为书中的论文与评论。2018年8月至2019年7月,本人有幸获得中美富布莱特研究学者项目奖学金。在美国乔治城大学访学期间,我对书中的论文予以进一步修正和完善。

电影《我不是药神》中,检方的公诉意见中指出程勇违反了国际版权法,虽然这并不是程勇被判刑的全部法律依据,但却揭示了导致天价药品背后的一些动因,即药品价格与知识产权和国际贸易协定之间的联系。研究报告取名《隐形的控制:药品、知识产权与国际贸易协定》，不为哗众取宠，主要是为了这个论题能受到更多关注。作为非科班出身且刚刚迈入国际知识产权领域的研究者而言，本书旨在抛砖引玉，引来方家对其中的问题进行更深入的探讨。文中有不当之处，也敬请方家指正。

最后，诚挚感谢中国社会科学出版社喻苗编辑的邀约与耐心等待，不然不会有这本小书。

韩　冰

2019 年 8 月 22 日

韩冰，法学博士，中国社会科学院世界经济与政治研究所国际投资室副研究员。主要研究领域国际投资法、国际贸易法与中国营商环境。曾在南方中心（South Center）、美国波士顿大学以及美国乔治城大学访学。主要代表作《冲突与趋同：中美双边投资协定谈判研究》。